Lea Caruso
Espírito Alfredo

Paixão & Destino

INSTITUTO DE DIFUSÃO ESPÍRITA
Av. Otto Barreto, 1067 - Caixa Postal 110
CEP 13602-970 - Araras - SP - Brasil
Fone (19) 3541-0077 - Fax (19) 3541-0966
C.G.C. (MF) 44.220.101/0001-43
Inscrição Estadual 182.010.405.118

IDE EDITORA É APENAS UM NOME FANTASIA UTILIZADO
PELO INSTITUTO DE DIFUSÃO ESPÍRITA,
O QUAL DETÉM OS DIREITOS AUTORAIS DESTA OBRA.

www.ideeditora.com.br

Capa:
CÉSAR FRANÇA DE OLIVEIRA

© 2009, Instituto de Difusão Espírita

1ª edição – junho/2009
10.000 exemplares

FICHA CATALOGRÁFICA

(Preparada na Editora)

Caruso, Lea Berenice, 1939-

C31p *Paixão e Destino* / Lea Berenice Caruso, Araras, SP, IDE, 1ª edição, 2009.

192 p.

ISBN 978-85-7341-448-6

1. Romance 2. Espiritismo I. Título.

CDD -869.935
-133.9

Índices para catálogo sistemático

1. Romance: Século 21: Literatura brasileira 869.935
2. Espiritismo 133.9

Índice

Nota do autor, *Alfredo* 9

I - No Castelo do conde Alfredo Alvaterres 11

II - O dilema 39

III - Amando 55

IV - Ciúme 65

V - Voltando ao passado 91

VI - No plano espiritual 125

VII - Orgulho 159

VIII - Final 185

Nota do autor

Deus, que é Pai, sempre nos perdoa as faltas cometidas. Neste livro, que nos conta o reencontro de almas do passado, um jovem espanhol comete o ato mais desagradável a Deus, em meados do século XIX, com suas paixões, seus deslizes e sua ânsia em reincidir na busca dos bens materiais, um dia perdidos.

Mesmo sem se dar conta de que nossas vidas sempre são programadas no Plano Espiritual, quase sempre por nós mesmos, e que devemos aceitar nossos carmas com coragem, pois a dor somente é a dilapidação de nosso bruto espírito, o jovem avança, atuando com seu orgulho e suas paixões desenfreadas, prejudicando muitíssimo sua vida pelo ato praticado, o que lhe causou um drama de consciência e o abandono da mulher amada.

Aqui neste livro encontraremos:

A atuação possível do espírito desencarnado, muito comum de acontecer, lutando com o ciúme pela sua esposa e o sentimento de ter que abandoná-la por algum tempo, pois se sente vivo.

E mais:

– Um exemplo – o amor ao próximo e uma renúncia.

– Uma busca – a dos devidos valores de nossas vidas.

– Um caminho – o único que abranda nossas faltas: a caridade.

– Um pouco de conhecimento para os neófitos do Espiritismo que talvez já tenham passado por este tipo de acontecimento.

– Uma lição de amor e de perdão.

Alfredo

Capítulo I

No Castelo do conde Alfredo Alvaterres

> "Se alguém escandalizar a um destes peque-
> nos que creem em mim, melhor fora que lhe atassem
> ao pescoço uma dessas mós que um asno faz girar e
> que o lançassem no fundo do mar. Ai do mundo por
> causa dos escândalos, pois é necessário que venham
> escândalos; mas, ai do homem por quem o escândalo
> venha".
>
> "Se a vossa mão ou vosso pé vos é objeto de
> escândalo, cortai-os e lançai-os longe de vós; melhor
> será para vós que entreis na vida tendo um só pé ou
> uma só mão, do que terdes dois e serdes lançados ao
> fogo eterno.– Se o vosso olho vos é objeto de escânda-
> lo, arrancai-o e lançai-o longe de vós; melhor para
> vós será que entreis na vida tendo um só olho do que
> terdes dois e serdes precipitado no fogo do inferno."
>
> JESUS (*Mateus* 18:6 a 11; 5:29 e 30.)

— Jesus ensinou-nos o poder da prece, e nestes termos vamos postar-nos ao salvador para pedir que Ele o cure – falou o pároco da cidade em visita ao moribundo conde.

Don Alonso Ferdinando postou-se também ao chão fingindo que orava, juntamente com a mãe e os filhos do seu amigo. E desfilou o rosário em voz alta, enquanto escondia a preocupação em seu peito, o temor e a angústia pelo que estava fazendo, mas pedindo internamente que o homem desencarnasse.

As lívidas feições, mascaradas pelo temor da morte, se apresentavam na face da bela senhora, que derramava lágrimas silenciosas e doloridas. Ferdinando olhava-a com o canto do olhar analisando que em breve ela seria uma mulher livre para ser de quem bem quisesse. Sentindo o profundo peso que cobria o castelo dos Salvaterres, ele, o nobre considerado tão prestimoso assistente do conde e seu fiel servidor, ajustou-se, depois da prece, no macio estofado oferecido pela gentil senhora que, branca como cera, mais parecia um anjo decaído, a fim de com ela estar e fazê-la desatormentar-se do ocorrido fato, obtido naquela tarde enquanto caçavam.

– Oh, eu não posso conformar-me, como foi que isso aconteceu? Contai-me novamente, Don Ferdinando.

– Senhora, eu estou tão desfeito em sofrimento quanto vós. Lembro que saímos para a caçada juntamente com Frederik e Ernest. Alfredo e eu cavalgávamos atrás, lentamente, conversando sobre os problemas da mansão, enquanto que nossos amigos Frants e Nestor andavam

Paixão e Destino

bem à frente, em direção do rio, onde apanharíamos as aves. Sabeis que do castelo até lá, muito se tem a percorrer, e depois de duas horas, ouvimos um tiro que saiu da mata. Olhei, mas nada avistei. Deve ser um dos dois homens nossos, pensei, mas quando olhei para o lado, notei que nosso querido conde sangrava com a mão posta no peito a segurar o ferimento feito pela bala. Então ele caiu e eu, aterrorizado, o acudi. Ernest e Frederik também procuraram socorrê-lo. Notamos que fora um tiro de revólver que o tinha atingido e não de espingarda de caça. Nossos amigos Frants e Nestor galoparam rapidamente até nós, preocupados. Ernest e Frederik assustaram-se como eu e percorreram a mata atrás do malfeitor, seguidos por Frants e Nestor que partiram até a cidade em busca de um médico. Queríamos escalpelar a pessoa que em Alfredo atirou, por este ato tão terrível. Trouxe vosso marido para cá e, enquanto eu procurava tirar-lhe as vestes que cobriam o ferimento, os outros, Frants e Nestor, chegavam com o Dr. Persian, que casualmente não se encontrava longe daqui. O bandido, fosse quem quer que fosse, havia sumido. Foi isto o que aconteceu.

– Mas não pode ser. Quem atiraria em meu esposo? Pelo que sei, jamais ele teve algum inimigo.

– Senhora – falou Don Ferdinando apanhando-lhe a destra –, que Deus tenha ouvido nossas preces para poder acalmar vosso coração. Também não lembro nada sobre inimigos que ele pudesse ter, mas quem sabe ele abrirá os olhos e nos dará a alegria da sua recuperação.

Disse isto beijando afetuosamente sua mão. A condessa olhou para ele com olhos lânguidos e acariciou-lhe a face:

– Meu bom amigo. Por quatro longos anos, morastes conosco e nos fizestes felizes. Alfredo muito vos admira, pois estivestes com ele em todos os momentos mais importantes para ele, nos seus negócios e na caçada, além dos prazeres nos bares.

– Alfredo é um bom amigo e um admirável senhor destas terras. Eu o considero muito e a vós, por quem tenho sido tão... tão...

Iria dizer algo que o incriminaria definitivamente. Iria dizer tão apaixonado. Então suspirou fundo.

– Tão... o que quereis dizer-me Don Alonso? – vendo o olhar de Don Ferdinando vagando no espaço, Lucile o inquiriu.

– Oh, eu estou tão preocupado com Alfredo que esqueci o que iria dizer – e levantando-se, caminhou pelo recinto de lado a lado, pensativo e preocupado.

Frants e Nestor, depois de trazerem o médico e o padre, que casualmente encontrava-se junto a ele, voltaram para a mata, próximos ao parque em que ficava o castelo e custaram a voltar. Lucile abraçou seus dois filhinhos pedindo para a ama acomodá-los a fim de que

Paixão e Destino 15

descansassem, enquanto o médico, juntamente com o padre, tratava do moribundo, que jazia no leito sem mesmo abrir os olhos.

– Don Ferdinando, vós achais que ele poderá morrer? – perguntou a condessa.

– Acho que Deus ouvirá as nossas preces, senhora.

– Então, vamos até seu leito para vê-lo e desejar que melhore. Preciso estar com ele, perdoai-me.

Don Alonso Ferdinando permaneceu pensativo elucidando suas dúvidas quanto ao ocorrido. Não podia desconsiderar que estava penalizado da jovem senhora, que nada mais fazia do que chorar e orar, mas internamente desejava que fosse finda de uma vez por todas aquela vida que ele invejava, por tratar-se do homem cuja sorte lhe sorria de uma maneira tal, que o fazia apequenar-se cada vez mais.

Sim, não poderia jamais comparar-se em finanças ao marido de Lucile; jovem ainda, herdeiro de grandes vilas, com a esposa que todos admiravam e vendo-lhe sorrir a vida com o nascimento de seus herdeiros que tanto demonstrara amar.

Eu – pensava ele – nada tenho. Nasci de pais nobres, mas em penúria total, endividados até os olhos, não me permitindo nada herdar e permanecendo com o coração partido por ter que trabalhar e pagar minha faculdade e depois... bem, depois receber a humilhação de ser convidado por este próprio colega, que tanto invejo, para trabalhar aqui em sua residência para ganhar o meu sustento e ainda conviver com Lucile, esta mulher que amo desde o primeiro momento em que a vi, com toda a ternura e desesperação de meu coração desafortunado. Sim, eu tinha de fazer algo em meu benefício, eu, que desde minha juventude todos os propósitos de possuir bens me tinham fugido das mãos por este destino desprezível. Por isso não posso arrepender-me de nada. Esta mulher tira-me a paz, tira-me o sono deixando-me a arder de amor durante estes anos em que sirvo Alfredo. Tenho tentado fugir, tenho tentado desaparecer, mas Alfredo, achando-me necessitado, sabendo que preciso de trabalho para manter-me, procura-me e busca-me de volta a este castelo, de volta ao olhar suave, mas ao mesmo tempo sensual desta mulher adorável.

Oh, Deus! Sabeis que tenho tentado deixá-la e também me desviar dela por detrás destas pesadas portas. No entanto ela me procura, é gentil comigo, pega-me pela mão, leva-me a tomar o chá da tarde e fazer-lhe companhia. Tento sair, mas ela me puxa, sem a mínima maldade, para que eu faça a sua vontade e... eu, pobre homem, deixo-me levar por onde ela quer que eu vá, assaltado de temor para que ela não se assombre com meu desejo e a extrema paixão de meu coração; pedindo a Deus que ela não olhe em meus olhos e descubra o que o meu interior quer dizer-lhe.

Tenho tentado, Pai Celestial, sabeis disso, sabeis disso.

Paixão e Destino 17

Enquanto isso acontecia, breves relances de memória quanto ao pavor de seu ato cruel lhe vinham à mente, que ele deixava apagar com a visão da mulher em seus braços, furtiva e estranhamente sua. E a felicidade gritava de uma tal maneira com este pensamento dentro de si que, mesmo não desejando, sorria e mostrava seus belos e alvos dentes, acostado à parede, próximo à porta do quarto, fechando os olhos de felicidade.

Don Alonso Ferdinando era um belo rapaz. Em seus trinta e dois anos, havia estudado direito e não teria condições para formar-se não fosse o amigo que conhecera e lhe oferecera trabalho. Sim, o conde Alfredo de Salvaterres, penalizado de sua sorte, o havia convidado para servi-lo no castelo de sua família, não imaginando ele, que isso pisaria tão profundamente no orgulhoso homem de sangue andaluz, saído de família nobre e principesca, poder-se-ia dizer, cuja infância fora gerada com alegrias e confortos e juventude dilacerada pela perda de todos os bens, a morte suicida do pai e a desencarnação da desventurada mãe.

Jamais ele se habituaria com o pouco, ou quase nada. Prometera a si mesmo que conseguiria qualquer trabalho, ainda que humilde, para pagar seus estudos e sobreviveria até fazer-se grande homem, admirado e rico, orgulhoso dos bens que voltariam para si. Retornaria mais tarde à Espanha olhando a todos com a máxima altivez e sobrepujando a todos com o orgulho do

18 *Paixão e Destino*

seu brasão. Don Ferdinando, marquês de La Torre, seria então o perseguidor de todos os que o fizeram perder seus adorados pais. Somente aí se sentiria feliz. No entanto, a vida se lhe apresentou diferente. Apaixonara-se perdidamente pela esposa de seu próprio benfeitor.

Lucile fixava os olhos em seu esposo. Derramava lágrimas de dor e tristeza, vendo desfalecer sua felicidade ali, com aquele homem, belo e sem cor, em seu leito, desacordado e mudo. Oh, como quisera ouvi-lo falar, dizer o que sentia, saber se desejava que ela fizesse algo por ele, ouvi-lo declinar que a amava e que ficaria bem. Por que esta desgraça havia ocorrido com ela, agora que tudo lhe sorria? Nisso adentraram no quarto Frants e Nestor pedindo que ela fosse até eles.

– Senhora, por favor, vinde conosco que desejamos falar-vos. Também vós, Alonso.Vinde, temos algo a vos dizer.

Lucile deixou o leito do esposo e acompanhou os homens no salão de estar onde grande lareira os acolhia, com seu crispar das chamas quentes e acolhedoras. Sentaram-se em frente às chamas, nas grandes poltronas bergére de veludo verde-escuro, já batido pelo tempo, onde sempre Alfredo costumava reunir-se com aqueles amigos afetuosos. Acomodou-se a esposa delicadamente, com as mãos postas, enxugando vez por vez as copiosas lágrimas que, descuidadas, não lhe deixavam à mostra os belos e grandes olhos verdes.

Paixão e Destino   19

– Senhora, temos uma revelação a fazer-vos. Encontramos o homem.

Lucile ergueu-se. Ferdinando, sem poder despertar a angústia que sentira, firmou-se na poltrona como se estivesse pregado a ela. Suas feições, se fossem vistas, mostrariam a palidez que se fez presente, e seus batimentos cardíacos ficaram tão elevados, que se estivessem todos mais perto dele, teriam ouvido o pulsar desconcertado de seu coração.

– Encontraram? E quem é ele? Onde está? – falou Don Ferdinando.

– Infelizmente...

– Fugiu? O que fizeram dele? – perguntou a condessa.

– Quando o encontramos, ele estava andando de costas para nós. A ouvir nossos passos nas folhas secas caídas, ele saiu a correr e, para não perdê-lo, atiramos nele com intenção de feri-lo somente. Chegamos até ele e o sacudimos perguntando por que havia feito aquilo, ele, no entanto, quis dizer alguma coisa, mas somente saiu-lhe da boca a seguinte frase: "Foi por ele...". Fechou os olhos para sempre. É isso, senhora. Temos então a certeza de que aquele homem foi mandado por alguém, talvez um inimigo que odiava demais o nosso querido Alfredo.

– Oh! Mas que desgraça! Porém ainda temos a

esperança de ouvir pela própria boca de Alfredo alguma coisa. O médico falou-nos há pouco, que a oração, quando feita com muita fé, poderia fazê-lo voltar à vida. Nosso médico é um homem voltado para a espiritualidade e ao amor aos pobres. Tenhamos fé! Tenhamos fé! – bradou Lucile.

Alonso afrouxou-se na poltrona que estava e suspirou, sem deixar que percebessem o imenso nervosismo que o atormentara. Pediu licença e falou que iria ver o acidentado.

Mais tarde adentrou no recinto novamente. Logo, passos despertaram a atenção dos quatro participantes do salão dos Salvaterres. Eram Ernest e Frederik que chegavam, com a tez franzida e preocupada.

– Ora, estais aí. Bem, depois de termos andado tanto, ouvimos o tiro que pareceu-nos ser deste castelo e... com razão. Então o bandido foi pego? Mas quem era ele, acaso um inimigo de Alfredo? – perguntou Frederik.

– Não – falou o jovem advogado levantando-se e oferecendo seu lugar ao amigo com gesto de elegância. – Não sabemos quem é ele. Talvez algum louco por aí. Há pouco estive lá fora, mas não reconheci este homem odioso – comentou dissimulando, porque não o quisera ver.

– Eu, que seguidamente fico por aqui, jamais o vi e jamais me deparei com ele por estes gramados e campos – concordou Frants.

Paixão e Destino 21

– Sentai-vos – pediu Alonso.

– Não, obrigado, não desejo sentar-me. Aliás, estou com o estômago enjoado com tudo isso que nos aconteceu hoje. E como está Alfredo? Disseram-me que está se recuperando.

– E quem disse isso, Frederick? – perguntou Don Ferdinando.

– Bem, foi o que ouvi quando entrava aqui. Parece-me que ela é uma das servas que estava com ele, há pouco, auxiliando o médico que trouxemos.

Alonso Ferdinando empalideceu. Seria toda esta trama colocada à tona? De que valera então tantos atos e pensamentos desviados do bem se não poderia alcançar a bênção de poder estar com Lucile em sua vida? Agora que estava realizando seu sonho e havia conseguido trabalho em uma das maiores empresas de Londres? Sim, o objetivo e a aplicação dos métodos por ele usados para alcançar sua retirada do lugar em que estava, de nada adiantariam se tudo falhasse, porque não poderia levar com ele a mulher que amava. Amava-a e desejava-a, tão profundamente, que enlouqueceria se não a colhesse em seus braços. Então, resoluto, colocou-se a caminho do dormitório de Alfredo deixando os amigos a conversarem e sendo servidos cordialmente pelos servos dos condes, a mando de Lucile, que também se levantara para acompanhar o amigo.

– Mas, voltando ao assunto, este homem, agora

morto, falou-vos alguma coisa? – perguntou Don Alonso antes de deixar o gabinete.

– Não, não – respondeu Frants.– Ele apenas falou-nos "foi por ele", talvez querendo dizer "a mando dele"...

– A mando de quem?

– Não sei. Nada mais ele disse – respondeu Ernest.

– Mas vós estivestes na delegacia?

– Ora – responderam ambos, Frederik e Ernest. – Não é que com todo este desespero nos esquecemos de avisar a polícia?

– Então devemos ir. Quem irá desta vez? Não seria melhor Nestor e Frants?

– Sim, vamos nós – disse Frants levantando-se. – Mas, pelo que sei, demoraremos um pouco para encontrar o delegado. Afinal já escureceu e tudo vem a nosso desfavor. Porém, vamos, Nestor. Levantai-vos desta poltrona por demais agradável e saiamos à procura do delegado ou de algum policial.

No quarto, Alfredo tentava abrir os olhos. Gemia e lamentava-se em voz confundida; nenhuma pessoa presente podia entendê-lo. Ferdinando temia. O coração em frangalhos lhe batia descompassadamente, como se lhe pulasse boca a fora. É que nosso belo espanhol, envolvido em sua obsessão, tramara um ato que por longa data, na eternidade, lhe tiraria a paz.

Paixão e Destino   23

– Alonso... Alonso – clamou Alfredo com dificuldade.

– Estou aqui, meu amigo; falai.

Don Ferdinando alcançou o leito do moribundo e agachou-se para melhor ouvi-lo:

– Falai, falai! O que desejais de mim?

Agora, vendo o olhar de Alfredo, procurou escutá-lo com o ouvido quase encostado aos lábios trementes do dono da casa.

– Olhai, Alonso, o que vou vos dizer. Sei que esta é a hora derradeira, mas tentarei falar tudo o que preciso. Eu... sinto que morro, meu amigo. Mas quero pedir-vos algo muito importante. Prometei-me que ireis segui-lo.

– O que é, Alfredo? Podeis falar a mim. Estou ouvindo.

– Quero que me prometais uma coisa e que jureis a mim que ireis cumpri-la.

Alonso Ferdinando olhou para Lucile que, com os olhos marejados de lágrimas, tentava ouvir também as palavras de seu marido. Alfredo devolveu-lhe o olhar cheio de amor e continuou:

– Vede bem, meu amigo. Todos estes anos juntos me fizeram conhecer-vos melhor. Sei o que se passa em vosso coração. Sei que pretendeis deixar a Normandia para ir a Londres fazer dinheiro e depois voltar à Espanha, porém... porém... eu vos peço, por tudo o que é mais sagrado, agora que já vos formastes e sois um advogado como sempre desejastes, imploro que não abandoneis Lucile a sós, neste mundo, com meus filhinhos. Ela ficaria perdida, além de desamparada, pois... – parou um instante tossindo e continuou – ... pois ela nada entende de negócios e de terras; poderá perder tudo e até chegar a lhe faltar o pão. Depois há outro fato, a educação de meus filhos amados. Eu...

– Não vos canseis, Alfredo. Quem sabe mais tarde... Mais tarde falareis comigo.

– Não. É necessário que seja neste momento, agora, Alonso. Creio que o... "mais tarde"... não haverá.

– Está bem, mas falai lentamente.

– Alonso, eu... desejo que esposeis Lucile.

Lucile, ouvindo o que ele dizia, jogou-se aos seus pés dizendo:

– Não! Não digais uma coisa destas. Não ireis morrer! Não, não! – desabafou com desespero, vertendo todas as lágrimas que lhe restavam até então.

– Sim, minha querida. É necessário que pensemos na realidade da vida... pois... sois jovem ainda e... temos dois filhos. Nós... nós conhecemos bem Alonso, eu e vós, e... não vos será tão difícil virdes a aceitá-lo como esposo. Ele... ele vos protegerá.

Paixão e Destino   25

Ferdinando levantou-se deixando a esposa conversar com o moribundo, na última tentativa de "erguê-lo" do leito, com sua ternura e ao mesmo tempo resolução:

– Não, meu marido! Não admito que morrais. Necessito de vós. Levantai vossa mente para o universo e pedi a Deus onipotente que vos salve, assim como eu estou pedindo. Não desejo casar-me mais se vos fordes.

– Lucile... atendei-me e chamai o padre... Eu... Eu...

O padre Germano de Lucerne aproximou-se do moribundo e ouviu atentamente o que ele dizia. Então perguntou:

– Isto é uma confissão?

– Não... O padre tem permissão para contar a todos o que vos confio, se for necessário e no momento certo.

Então padre Germano deu-lhe a extremunção.

Aliviado, e na presença de todos os amigos, Alfredo fechou os olhos livrando-se da veste carnal e despedindo-se da felicidade que tivera durante todos aqueles anos ao lado de sua esposa e dos filhinhos, cujo tempo de convivência com eles fora tão pequeno. Tão pouco pôde desfrutar da alegria de vê-los crescer, mas deixaria este compromisso para o homem de caráter e moral que se chamava Alonso.

Paixão e Destino

Fechou-se a mansão, depois dos funerais, com as bandeiras pretas nos portões e na porta de entrada do castelo.

Luto cerrado também permaneceu nas vestimentas dos ocupantes da casa, excluindo-se os servos. Don Ferdinando estava consternado. Apesar de ter realizado o que fez, o tinha feito por amor e jamais diria que por ódio de Alfredo. Agora se certificava de que amava aquele amigo. O homem que confiara nele fora sempre um cavalheiro e lhe dera as melhores oportunidades para que ele pudesse ser o advogado que desejava. Não fosse o ciúme e o desejo inflamante que nele fizeram um verdadeiro reinado, jamais teria traído aquele que o acolhera. Agora o amigo lhe deixava a esposa como brinde pelo crime que cometera. Como não doer a consciência? Como viver tranquilo depois de tudo?

Oh! Como fora egoísta em se deixar envolver por uma obsessão de amor e ter acabado com a vida de seu melhor amigo... Mas, quando olhava Lucile, a mulher que amara desde a primeira vez que vira, então o céu se lhe abria e ele esquecia tudo o que a consciência lhe acusava, permitindo-se viajar em estrelas a céu aberto, ver o esplendor da lua brilhante e dos vaga-lumes em noites mais quentes. Toda a beleza do universo se lhe mostrava na ideia desse reencontro com a felicidade, pois que nunca mais a sentira depois da morte de seus pais. Alonso suspirava; tinha a alma de um poeta repleta de sentimento. O advogado respeitável e admirado que ele

Paixão e Destino 27

se tornara devia-se ao conde Alfredo. Num momento despertou do sonho inebriante:

O que teria dito Alfredo ao Padre Germano?

Nos dias que se seguiram, Don Alonso Ferdinando, marquês de La Torre, nada mais fez que se fechar no gabinete de seu amigo, conforme suas ordens, para verificar como ficariam as coisas com as propriedades herdadas por Lucile e filhos. Encontrou um documento entre aqueles inúmeros que havia. Era o testamento do defunto. Dizia que todas as propriedades ficariam resguardadas, em caso de seu desaparecimento, nas mãos de seu melhor amigo, Don Alonso Ferdinando, marquês de La Torre, o homem sério e confiável, pois sabia que ele obteria resultados exemplares com aquelas propriedades nas mãos e que assim não se sentiria humilhado perante a esposa, com a qual se uniria, por nada ter de seu.

Alonso caiu de joelhos. Como pudera o amigo ter previsto tudo isso? Como pudera ter querido que ele fosse o herdeiro e administrador dos bens que por direito pertenceriam à Lucile? Teria sido tão confiável assim a sua presença naquele castelo? Não, ele não desejava ser tratado como indigente que nada tinha a oferecer à mulher que amava. Esta herança seria sua maldição e era humilhante para um nobre como ele, ter de aceitá-la. Amava Lucile, sim, mas abdicar de sua vida para obter os bens de sua amada, não, isso não seria possível. Se assim fosse, ele seria o espectro do amigo, se sentiria vivendo às custas dele eternamente. Não! Ele venceria na vida por si só; ela teria orgulho dele e viria aos seus braços por vontade própria e não por obrigação. Levantou-se e foi falar com o juiz do local para revisar o texto da herança deixada por Alfredo, com o testemunho, sim, de ser o administrador dos bens da mulher que amava.

Os dias passaram lentamente como um pesadelo para a jovem senhora Salvaterres. A solidão a enlutava de tal maneira, que desejara ficar em seus aposentos durante infinitos dias, somente vendo as crianças antes de dormirem. Isto preocupava Alonso, que via que tudo poderia acabar naqueles dias. Temia por alguma doença que poderia acolher a jovem senhora, já que ela se atirara à depressão em alto grau. Lembrava-se de sua mãe, que perecera de tristeza.

Ensaiando as palavras, numa tarde, foi ele ao gabinete da condessa mandando-a chamar para que tivesse com ele uma conversa bastante apropriada, quanto a sua maneira de agir em relação à viuvez. Mas Lucile não saiu do aposento de dormir. Então respondeu à serviçal que se ela não saísse, ele mesmo a tiraria daquele desterro abominável. E teve a resposta:

– A madame pede – falou Flora saindo do dormitório cabisbaixa – para que a deixeis em paz e que não vos preocupeis por ela.

Paixão e Destino 29

Caminhando de um lado a outro na antessala dos aposentos da condessa, Alonso resolveu tomar uma atitude:

– Não deixarei que se mate – e adentrou nos aposentos de Lucile.

O quarto estava na penumbra. Com os pesados reposteiros fechados, o marquês espanhol quase não via onde estava o leito, pois jamais havia entrado lá. Parado no meio da peça e tentando acostumar-se à escuridão do espaço, ele ouviu uma voz fraca e debilitada:

– Quem está aí?

Colocando-se na posição de onde vinha a voz e já mais acostumado à obscuridade, ele encaminhou-se para o leito de grandes espaldares torneados à maneira espanhola e, fixando o olhar, pôde ver a mulher que amava, acomodada entre os almofadões macios a dizer:

– O que fazeis aqui? Peço-vos que me deixeis em paz. Não desejo levantar-me.

– Mas vais levantar, senhora, queirais ou não.

E abrindo os pesados reposteiros que encobriam o sol radioso envolvendo a vida lá fora, ergueu-a da cama pegando-a nos braços, levando-a ao terraço em um tempo de segundos.

– Largai-me! – imperativamente falou ela.

– Olhai, senhora, **vede**, há vida lá fora. Não sentis

no ar o perfume das flores desta primavera, não podeis ouvir os pássaros que cantam? E olhai, vossos filhos correm pelo jardim brincando e correndo. Como podeis, resolutamente, desfazer-vos de tão belo espetáculo? Por que desventurar-vos no caminho que somente poderia vos trazer a morte, se tendes filhos tão belos?

Lucile, ainda no colo do amigo, abraçou-se em seu pescoço e desatou a chorar.

– Sim, há vida lá fora e tenho meus filhos.

– E tendes a mim, senhora. Estarei sempre ao vosso lado como Alfredo me...

Livrando-se dos braços do amigo e descendo rapidamente ao piso, ela, erguendo a voz ainda sufocada pelos soluços amargos , protestou:

– Jamais desejarei vos ter ao meu lado pela obrigação imposta de um moribundo. Não vedes que ele somente quis me proteger da solidão com receio da vida que terei? Mas eu não quero mais viver sem ele. Não quero!

Don Ferdinando, segurando seu queixo para melhor fixá-la nos olhos, devolveu-lhe a resposta:

– Senhora, olhai em meus olhos e vede o que enxergais neles. Não vedes, senhora, que isso para mim não será um sacrifício? Não vedes que vos amo como jamais amei alguém em minha vida?

Paixão e Destino 31

Lucile o empurrou e afastou-se caminhando de costas, olhando para ele como se estivesse vendo um monstro:

– Pois não vos atrevais a chegar perto de mim desta forma! Fostes, e sois ainda, um simples servo nesta casa, que somente serviu a meu marido, mas a mim jamais servireis ou me obtereis.

Lívido, o espanhol não conseguiu sair do local onde estava. O que estava acontecendo com ela? Sempre o tratara tão bem, por que esta discriminação, afinal? Sim, porque ele era um nobre e não um serviçal e tudo fizera para formar-se em direito, e agora estava sendo um escriturário e administrador de todos os bens de Alfredo. E fazia isso com toda a sua alma, só para agradá-la. Isso não era um trabalho decente? Não era um trabalho honroso?

Caminhou até ela e, puxando-a, abraçou-a e deu-lhe um beijo ardente. Depois a jogou no leito e disse a ela:

– Pois então, senhora, jamais me dirigireis a palavra como amigo como fazíeis antigamente, já que sou vosso subalterno. Quanto a mim, fiz uma promessa ao meu estimado amigo e devo honrá-la e o farei conforme sua solicitação, pois foi seu último pedido em sua hora derradeira; e tereis que vos casar comigo, sim, como ele desejou, ou ficareis na miséria, pois, como ainda não sabeis, esse foi o seu desejo para que não colocásseis toda a fortuna da família fora. Como mulher, jamais saberíeis administrar estes bens. E podeis enterrar-vos neste dormitório onde não vereis mais a luz e vos tornareis a mulher que estais a ficar, feia, envelhecida e sem cuidados, cujo homem se chocará ao ver-vos. Já vos olhastes em algum espelho hoje? Bem, é melhor que não o façais.

Saindo do quarto, Don Alonso Ferdinando deixou Lucile atirada ao leito chorando. Limpava os lábios com desprezo; não queria ser esposa dele, desejava morrer também.

Nos dias seguintes, Frants e Ernest, juntamente com Frederik e Nestor, foram visitar os senhores do castelo Salvaterres. Já estavam cientes da promessa que fora feita ao amigo Alfredo e estavam achando que Don Ferdinando fora um rapaz de sorte. Receber toda a fortuna de Alfredo e mais a esposa, isso era por demais intrigante, e um átimo de desconfiança vagava naquelas pessoas, mais amigos de Alfredo do que do jovem advogado.

– Então, Alonso, o que os investigadores estiveram fazendo até agora aqui no castelo de Alfredo? Descobriram o autor do crime? – perguntou Frederik.

– Nada se descobriu. O pobre coitado que matou Alfredo calou-se para sempre, e como poderemos saber por que ele cometeu este crime?

– Mas meu amigo, como sabeis, ninguém consegue

esconder tão bem um crime premeditado como este – falou Nestor.

Don Ferdinando olhou-os pensativo. Sim, todos aqueles amigos, sem exceção, desconfiavam dele, mas nada poderiam provar. E dirigiu a si mesmo um pensamento: *Deixa estar, Alonso, tu te sairás bem disso tudo, não te preocupes, pois nada tens a temer.*

– Sei disso – falou ele resolvendo jogar o mesmo jogo dos amigos. – Sei que não existe crime perfeito. Um dia saberemos a mando de quem aquele homem matou Alfredo. E agora façamos um brinde.

– Brindar? A que devemos brindar? – perguntou Frants.

– Ao restabelecimento da senhora Salvaterres. Depois de dois longos meses, ela parece que está quase recuperada, pelo menos, saiu do labirinto de seus pensamentos e encaminhou-se à vida e à natureza junto aos filhos.

– Mas soubemos que ela quase já não vos dirige a palavra. Por que seria? – perguntou Ernest.

– Ora, ela ficou apreensiva porque sabe que sou obrigado a casar-me com ela e sabe que isto, para mim, será uma obrigação, cuja validade eterna não me fará voltar atrás – e suspirando, continuou: – Mas meus amigos, o que devo fazer, senão cumprir com a solicitação de um moribundo?

34 *Paixão e Destino*

– Sim, tendes razão. Tereis, como prometestes, de cumprir vossa palavra como ato de fidelidade ao nosso estimado conde Alfredo.

– Penso que eu e ela nos acostumaremos a essa ideia com o tempo e até, talvez, possamos viver em paz. Eu, para dizer a verdade, também fiquei surpreso quando ouvi dos próprios lábios de nosso amigo a sua vontade. Mas ele lá devia ter suas razões, e mesmo que eu deseje a senhora Lucile somente como amiga, com todo o respeito, por ser uma viúva solitária e por ter empenhado minha palavra ao conde que tanto estimei, sei que devo procurar com ela ter dias promissores no futuro e lastimo que ela pense daquela forma, porque a aceitarei, com o cavalheirismo de minha nobre descendência espanhola, sacrificando até os louros que teria, se pudesse gozar da minha mocidade junto às damas da corte de Espanha.

Riu fazendo os amigos rirem, também.

E assim a conversa sobre o fato ficaria por aí, sem mais comentários a respeito do caso.

Os homens dialogaram ainda por algumas horas e depois se retiraram, já não tão preocupados com o assassino de Alfredo. Mas as investigações seguiam.

O delegado do local estivera inquirindo todos os servos do castelo e os demais amigos, sem de ninguém desconfiar e, se não fosse o testemunho do padre que

Paixão e Destino 35

ouvira o pedido do moribundo e falara aos investigadores, seria lógico que o maior suspeito seria Don Alonso Ferdinando, o advogado formado e já com certa clientela na pequena vila da Normandia.

– Don Ferdinando – perguntara um dia um dos investigadores a ele –, dizei-me algo: vós vistes o assassino do conde apontar a arma a um de vós, quando este caiu baleado pelo marechal Frants? Sabeis que ele, Frantz, também teria sido preso por crime não fosse o testemunho de Nestor de Le Matre? Sim, porque pelo que disse Nestor de Le Matre, ele acabou atirando para defender-se. O assassino tentava fugir e apontara a arma em sua direção.

– Nada vi porque eu não estava com eles. Dedicava-me a cuidar do conde.

– Mas não achais estranho o assassino ter dito que fora mandado? Quem teria interesse na morte do conde Alfredo? Sabeis se havia algum interessado? Eu juraria, Don Ferdinando, que vós seríeis a pessoa de quem se deveria desconfiar.

– Por que dizeis isso?

– Sim, porque fostes o receptor de uma verdadeira fortuna e o herdeiro da família do defunto. Mas ouvi do padre, referindo-se às palavras do conde, que vós recebestes esta ventura; disse a ele, o conde, que éreis neófito quanto ao caso de seu testamento, como foi provado, e isso vos livra de estardes agora encarcerado e sem comunicação. Mas por que teria feito o conde uma doação deste tipo? Doar seus mais preciosos bens?

– Porque amava imensamente a esposa – respondeu o espanhol baixando a cabeça e lembrando do mesmo sentimento que trazia pela mulher do amigo, imaginando a dor que sentiria se tivesse que perdê-la como Alfredo a havia perdido ao dizer-lhe adeus. – Eu pensei em revisar o texto da herança de Alfredo. Afinal, penso que a Senhora Lucile talvez fosse capaz, se tivesse um auxiliar, de administrar seus próprios bens. Porque meu propósito, senhor Lefrére, é voltar para minha pátria e trabalhar lá como advogado. Aliás, todos aqui deste lugarejo sabem deste meu desejo há muito tempo, muito antes de eu ser o administrador dos bens do nosso estimado conde. Fui convidado por um escritório em Londres e de lá retornaria à minha terra natal, a Espanha.

– Sim, isso também o inocenta. Sei, porém, que também o conde fez o que fez para proteger a esposa dos vilões em busca de heranças e, senhor marquês, vós não deveríeis contrapor-se juridicamente à herança. Por que faria isso? Ninguém faria isso! Sim, o Senhor jamais será acusado, mas... há algo que tenho que descobrir. Como até hoje não soubemos quem era aquele infeliz? Ninguém reclamou por ele na cidade, ninguém tentou procurar a delegacia depois que colocamos a foto do morto no jornal...

– Sim, de fato. Tenho a impressão de que ele não

Paixão e Destino 37

era deste lugar. Como vós sabeis, a Normandia é extensa e nosso país imenso. E... como poderíamos descobrir o paradeiro da família de um infeliz como aquele?

– Não seria ele um... espanhol, Don Ferdinando? – falou o homem coçando sua rala barba e seu fino bigode, com ar de desconfiança novamente para ele.

– Como posso saber, senhor Lefrére? Acaso ele tinha esse aspecto? Como disse, não vi esse homem detalhadamente. Minha obrigação de amigo fiel foi acudir o nosso conde. E... bem... eu preciso ir, pois a condessa Lucile necessita falar-me sobre os jardins do castelo. Perdão, senhor Lefrére, eu estarei aqui entre duas a três horas se precisardes de mim. Com licença. Que fiqueis à vontade para entrevistardes outros serviçais. Nosso mordomo vos aguarda na entrada do castelo e vos levará até eles pela outra entrada.

– Já investiguei a todos, senhor.

Sem resposta do marquês e com a indiferença demonstrada a ele, o investigador irritou-se e seguiu com o olhar os passos do nobre espanhol, admirando seu porte esbelto e seus cabelos lisos escuros e longos quase até o pescoço a balançar com o vento. Sim, ele era um belo tipo de homem, nenhuma mulher o deixaria partir se houvesse qualquer entendimento com ele. Seu olhar profundo atraía as donzelas da redondeza; este era o comentário em todos os locais aonde ele aparecia. As mulheres suspiravam vendo-o passar e comentavam sobre a atração que sentiam por este misterioso homem que nenhum olhar lhes dirigia. O que pensaria dele a condessa Lucile? Convivendo com ele, belo exemplar de masculinidade, não sentiria ela o mesmo que as outras mulheres, casadas ou não, daquele lugarejo? Teria sido ela a mandante do assassino? E a desconfiança, depois de um suspiro profundo, foi esquecida, partindo o investigador em seu coche em direção à delegacia, para que fossem anotados todos os testemunhos dos homens e mulheres entrevistados naquele castelo.

Capítulo II

O dilema

"Aprendestes o que foi dito aos antigos. Não cometereis adultério. Eu, porém, vos digo, que aquele que houver olhado uma mulher com mau desejo para com ela, já em seu coração cometeu adultério com ela."

JESUS (*Mateus*, 5: 27 e 28)

A condessa Lucile, sem se manter impassível à personalidade do elegante espanhol, relutava em não lhe dirigir a palavra desde a data em que ele a beijara ardentemente, quando o chamara de serviçal. O orgulhoso homem, agora totalmente apático a ela, pois sentia-se rejeitado pela senhora que tanto amava, desejaria tê-la abandonado, não fosse a lembrança do conde e seu olhar desesperado pedindo e implorando a ele que prometesse que se casaria com a esposa e cumprisse aquele juramento, pacto fatal que não consentiria em abandonar.

Paixão e Destino

Ah, pudera ele voltar atrás e abandonar o castelo antes destes acontecimentos. Como fora tão infame?

E o tempo foi passando. À mesa, durante o jantar, era o momento em que a condessa Lucile, sentada em uma das cabeceiras, obrigatoriamente mirava o "belo exemplar da natureza", como as mulheres chamavam Don Alonso, na outra cabeceira. Então, se sentia desajeitada na cadeira e desviava-lhe o olhar. Alonso a fixava franzindo a testa, com os olhos baixos e profundos e não lhe dirigia uma palavra. Aquele fato constrangia a ambos. Por isso ele, o advogado espanhol, o orgulhoso marquês de La Torre, resolveu mudar sua atitude: em vez de mostrar-se serviçal e submisso, como ela dissera a ele, decidiu aceitar os inúmeros convites que lhe eram enviados, a ele e não à Sra. condessa, visto ela ainda estar em estado de nojo. E, na mesa do jantar, agora, Lucile estava só, sempre. As noites passavam lentas, intermináveis e silenciosas. Lucile procurava distrair-se vendo as crianças e lendo alguns romances da época, da coleção de seu esposo, colocada na lateral do leito, e que sempre largava como sendo promíscuo e desfavorável para sua situação de dama respeitada pela sociedade Normanda.

Lembrando sempre aquele beijo caloroso e ardente e a posição que tomara o homem que ela pensava desprezar de total indiferença para com ela, ela chorava e dizia odiá-lo. Afinal, ele não deveria cumprir com a

Paixão e Destino   41

promessa que havia feito ao seu esposo? Por que Alonso nunca mais a procurara para conversar como fazia em tempos de casada, dirigindo-lhe o olhar carinhoso com toda a sua gentileza de nobre cavalheiro? O que havia acontecido com ele que jamais a procurara para lhe dirigir a palavra amiga, e somente o fazia através de serviçais ou quando era necessária sua presença em algum lugar? Teria sido pela última conversa que tiveram? Sim, ele dissera que iria desistir da fortuna legando-a a quem a teria por direito, no entanto nada fizera a respeito. Seria para castigá-la que agia daquela forma? Sim, ele agora a odiava. Via-lhe no olhar. Mas mostrava-se gentil e carinhoso com seus filhos quando ela não estava presente. O que fazer? Não poderia expulsá-lo de lá. Abominava-o pela indiferença com que a tratava. Era como se ela não existisse mais, como se ele não mais a enxergasse. Mas jamais pediria desculpas a ele.

– Flora! Flora! – chamou Lucile. – Mandai preparar o coche. Iremos a Paris fazer algumas compras. Já faz mais de um ano que visto este traje negro. Quero sair, sentir este calor da primavera e o perfume das flores. Estou viva e quero viver! Desejo viver!

– Sim, senhora. Mandarei que vos arrumem o coche e prepararei vossa bagagem. Mas não precisareis avisar vosso futuro esposo?

– Futuro esposo? O que é isso? Por ventura falastes com o marquês, Don Alonso, o meu... advogado?

Em seus lábios ficou presa a palavra serviçal, pois sentiu que isso iria parar nos ouvidos dele e não desejava ser mais castigada por ele. Já bastava o que estava sendo. Alonso, na realidade, dentro do castelo a respeitava, mas em todo o lugarejo agora a sua fama era de um conquistador, que atraía todas as mulheres e elas caíam apaixonadas a seus pés. Isso deixava Lucile odiando-o cada vez mais. Teria que sair daquele castelo o quanto antes. Sabia que as crianças ficariam bem, aliás, elas quase não ficavam com a mãe, sempre com as babás, pois ainda eram pequenas.

Lembrava agora que toda manhã trazia o cocheiro às cozinheiras o relatório do que o patrão havia feito durante a noite – onde tinha ido e com quem tinha passado a noite. Era ele mesmo quem comentava para o cocheiro seus relacionamentos noturnos, quando vinha às vezes embriagado, exatamente para cair nos ouvidos da bela senhora que o anulara como homem. Mas ele sabia que sua indiferença a estava fazendo ferver. Nenhuma mulher aguentaria cear só à mesa enorme, que sempre havia se mantido cheia de personagens importantes e amigos do casal.

Lucile, enquanto se preparava para partir, mandou que avisassem Don Alonso que ela iria passar alguns dias em Paris. O aguardou esperando que ele a fosse ver na carruagem já pronta, porém Don Alonso não vinha.

Paixão e Destino 43

– Mas onde este homem se encontra? Por que ele não vem? – perguntou ela ao mordomo.

– Ele mandou dizer que vai sair para uma cavalgada no parque do castelo, senhora. Está com um amigo.

A condessa olhou para a cavalariça e realmente viu, montado em seu cavalo árabe, o belo homem que, vendo-a, também, levantou seu braço movimentando-o em sinal de despedida, voltando-se a conversar com o marechal Frants. Lucile bufou de ódio por sua indiferença, e em seu coração desejou que ele morresse. Sua vontade era de ir até ele e esbofeteá-lo, mas não faria isso.

– Vamos! – ordenou ela ao cocheiro. E se foram em disparada à cidade dos sonhos.

No caminho, ela reclamava dele e da vida e isso não foi despercebido pela ama que, sabendo-a atraída pelo tão belo e jovem cavalheiro e indispondo-se sempre com ele, disse a ela pensando em agradá-la:

– Senhora, será bom um passeio a Paris. Assim, estareis livre deste homem, que nada mais nada menos é que um simples...

– Calai-vos! Não permito que faleis de Don Alonso Ferdinando. Afinal, ele deixa de ser um advogado livre para servir a nós. Está apelando à justiça para abandonar a fortuna deixada pelo meu esposo a ele e repassá-la para mim. Fiquei sabendo isso ontem em sigilo de Ernest.

– Ah... não imaginava que ele... pensei que fosse um...

– Não há necessidade de extrapolardes com vossos pensamentos raros e absurdos, Flora. Eu entendo o que quereis dizer. Mas deixemos para lá e mudemos de assunto. E espero que, de agora em diante, respeiteis mais o marquês de La Torre. Lembrai-vos sempre que pertencente à mais alta nobreza da Espanha.

– Perdão se vos fiz alguns comentários...

– Chega, já disse!

Vendo que sua ama não havia gostado dos comentários que estava desejando expor a ela, Flora aquietou-se na poltrona do coche e, assim, silenciosamente partiram para Paris, parando de quando em quando em estalagens. O cocheiro descia primeiramente e procurava um bom quarto para a condessa, antes de fazê-la descer do coche, a fim de que fosse bem tratada, em todo o caminho. Sempre silenciosa, mas com os pensamentos a estourar-lhes em sua cabeça, pertinazes, insolentes e abusados, Lucile recostou-se e deixou-se levar pelo arrebatamento de um coração que odiava, mas que não conseguia esquecer o homem que tanto mexia com seu coração.

Falava para si mesma em meditação: estava sendo rejeitada, pois Alonso demonstrava que lhe tinha asco, agora não lhe permitindo cear com ela, recebendo o

Paixão e Destino 45

convite de belas senhoras e até convidando algumas delas a visitá-lo no castelo que pertencia a ela e seu esposo. Como ele tivera essa presunção de ignorá-la, ela, a Condessa de Salvaterres, para cuidar de si próprio? Odiava-o com toda a força de sua alma. Sim, no castelo, durante o dia, ela não conseguia vê-lo e, ao entardecer, lá se ia ele para seu dormitório na ala este, subindo as escadarias, a fim de enfeitar-se da cabeça aos pés, enquanto ela permanecia curtindo sua solidão. Teria sido tão grave o que lhe dissera naquela tarde quando ele a beijara? Mas ele havia merecido aquele tapa e aquela reprovação. Agora, ela, ceando só, naquela imensa sala, via-o despedir-se dizendo-lhe um simples "Boa noite", retirando a cartola e sorrindo brejeiramente como quem fala: "Ficareis só enquanto que eu... muito bem acompanhado". Quem ele pensava que era? Na realidade ele não passava de um...

Ora, por que não me desligo deste homem? – pensou ela abraçando-se ao travesseiro. *– Mas ele consegue que eu o odeie mais que tudo. Don Alonso Ferdinando, marquês de La Torre, verás como irei fazer de vós o meu... o meu...*

Mas o que é isso? O que estou eu a pensar? Ele que fique com suas mulherzinhas, ele que estoure a cabeça por jamais ter que falar comigo, ele que... ele que... Oh, deixe estar. Mais dia menos dia, ele verá em mim nova mulher".

46 *Paixão e Destino*

Em Paris, no coche, Lucile acompanhou o bairro de La Faiette com os olhos, a fim de reconhecer a moradia de Eustákia, sua amiga de infância. Como estaria ela?

– Aqui está, pare! É esta casa, no primeiro andar.

O cocheiro desceu para anunciar sua ama e a porta foi aberta com admiração da parte da amiga:

– Lucile , por Deus, há quanto tempo não vos vejo, minha amiga! Como vos encontrais? Fatigada?

– Um pouco.

– Soube de Alfredo e vos peço perdão por não poder rever nosso amigo em seus últimos momentos.

– Não teria dado tempo para irdes até lá. Não pensemos nisso. Falemos de coisas agradáveis. Como está a vossa mãe? Casastes, Eustákia?

– Casei-me às escondidas. Vinde, acomodai-vos. Chamarei Clara para arrumar vossa bagagem no dormitório ao lado do meu. Lucile, eu vou contar-vos coisas que nem imaginais – falou cochichando ao ouvido da amiga.

No dia seguinte, bem cedo, a mãe da amiga de Lucile acordou as duas dizendo:

– Não penseis que aqui é Normandia. Aqui é Paris e levanta-se mais cedo. Sei, minhas meninas, que ficastes acordadas durante quase toda a noite a cochichar. Quem contou o segredo de quem?

Paixão e Destino 47

Eustákia havia relatado que se casara às escondidas, pois seus pais não permitiram que Eugênio se casasse com a ela, expulsando-o da moradia. Mas um dia, sabendo que ela havia sido convidada para ir a Loire com suas amigas, seus pais tranquilizaram-se deixando-a sair. No entanto, Eugênio raptou Eustákia e levou-a para dez quarteirões de onde ela morava, diretamente a uma Igreja.

Eustákia estava deslumbrada, pois amava o jovem, mas jamais admitiria casar-se sem vestimenta apropriada; contudo, o ato realizou-se e os jovens enamorados fugiram para Lorraine a fim de curtirem a paixão avassaladora que os envolvia. Os pais de Eustákia, desesperados, a procuraram pela cidade por vários dias, pois havia uma pessoa que os vira juntos, sem sucesso. Mais tarde Eugênio teve que partir com as tropas francesas e a morte o visitou, voltando Eustákia à casa paterna. Esta foi a conversa da amiga para Lucile, que não teve coragem de abrir seu coração a ela.

— Então, minha amiga? Não encontrastes mais ninguém na Normandia?

— Eu? Quem iria encontrar? Sou uma pobre viúva, Eustákia, e vivo isoladíssima, sem sequer uma alma viva a conversar comigo.

— Mas ouvi falar do belo exemplar de homem que mora naquele castelo. Mulheres chegam de lá e comentam a toda a sociedade quem ele é e sua personalidade.

Ah, eu morreria de amor se tivesse um homem destes perto de mim.

Lucile sentiu um ciúme enorme a lhe tirar a razão:

– Ora, não digais esta bobagem, ele não passa de... de...

– O que estais com medo de dizer a vós mesma, amiga? Por acaso ficastes com ciúmes quando eu vos falei dele? Vi vosso rubor e em seus olhos o despeito e o sofrimento. O amais, Lucile! O amais!

– Ora, deixais de bobagem! Eu jamais iria amar aquele homem que me... que me...

– Agora estais gaguejando. Ele o quê? O que ele vos fez? Deve ter vos abraçado? Beijado?

– Não! Nada disso!

– Mas deixe estar – falou rindo a donzela morena. – Não precisais me dizer mais nada. Eu sei que estais amando aquele belo exemplar de homem, e pelo jeito é também sedutor.

– Parai com isto, Eustákia, senão vou-me embora daqui. Não quero falar naquele homem indigno.

Não desejando deixar a amiga insatisfeita, Eustákia disse:

– Está bem, amiga. Eu vos contei todos os meus segredos, mas se não quereis contar os vossos, vou respeitar-vos. Vamos tomar nosso desjejum.

Paixão e Destino   49

Nos dias seguintes foram às compras e, assim, passaram-se duas semanas até que, na terceira semana, batem na campainha e aparece Don Alonso. Sorrindo ao saber de quem se tratava e convidando-o a entrar, a viúva de Eugênio alegrou-se por tê-lo conhecido e ficou admirando, com olhar dissimulado, sua figura, enquanto ele pedia para chamar Lucile. Então, quando Lucile veio e o olhou estarrecida de espanto, Eustákia falou a ele:

– É com imenso prazer que recebo nesta casa tão ilustre nobre. Mandarei arrumar um dormitório para vós.

– Não é preciso. Ficarei no Hotel de Ville, senhora.

– Faço questão que fiqueis aqui. Dai-me esta alegria.

– Bem... Se assim desejais, está bem.

Eustákia, radiante, saiu para mandar arrumar o dormitório de Don Alonso, enquanto Lucile roía-se de ódio. Como permitir que ele durma naquela mesma casa, assim tão próximo de todos? Mas o que haveria acontecido? Por que aquele homem a seguira até Paris?

Depois se aquietou e perguntou a ele, achando que iam lhe faltar as pernas:

– O que vos traz aqui?

– Senhora, perdão por ter vindo, mas deveis assinar os papéis que vos trago.

– Que papéis?

– Os que repassam toda a vossa fortuna para vós e vossos filhos novamente.

– Mas... mas meu marido não falou que deveríeis ficar com ela para administrá-la?

– Sim, mas penso que sabereis administrá-la até melhor que eu. Assim, parto para a Espanha, de onde não deverei mais retornar.

Lucile sentou-se na cadeira mais próxima. O que fazer? Ele não poderia partir assim e abandoná-la. Ela perderia tudo, jamais saberia administrar tantos bens.

– Vejo vossa apreensão, senhora, mas já tomei a iniciativa de vos apresentar uma pessoa honesta e séria que morará lá convosco e tudo vos será mais fácil. É um senhor de certa idade que, tenho certeza, vos deixará tranquila. Seria como se eu próprio administrasse vossos bens. Como sabeis, tenho um propósito. Quero ser eu mesmo, e ter meu escritório que já está bem conhecido. Tenho contato com escritórios de Madrid, que me receberão até que eu abra o meu próprio.

Lucile continuava sentada olhando para ele. Sentia-se morrer. Não, não poderia deixá-lo ir. O que fazer? Como fazê-lo voltar atrás? Seria difícil. Sabia do sonho dourado daquele advogado e teria que pensar em algo rapidamente para que ele desistisse da idéia.

Don Ferdinando acomodou-se na residência enquanto Lucile vestia o seu mais deslumbrante vestido

Paixão e Destino 51

para o jantar. Queria estar linda. "Por quê?" – pensava. – "Para mim mesma" – respondia seu pensamento.

Durante a ceia, o nobre espanhol perguntou a ela:

– Poderá ser depois do jantar a assinatura dos documentos?

– Para que tanta pressa?

– Pretendo partir amanhã mesmo de volta à Normandia.

Don Alonso não pôde esconder a fascinação ao ver a mulher que amava tão bela e radiante em seu semblante. Depois de tantos meses de luto fechado, finalmente ela deslumbrava, resplandecendo no olhar o mesmo fascínio que o fizera cometer um crime tão cruel, o qual não podia deixar de pensar. Agora, para ele, aquela mulher tornava-se misteriosamente proibida. Amava-a como jamais havia deixado de amá-la. E seu sorriso era aquele que o enfeitiçara desde a primeira vez que a vira. Contudo, agora que notava que ela lhe detinha o olhar de admiração, agora que uma nesga de sentimento lhe rasgara o ser, por que abandoná-la? Porém lembrava que tinha sido esbofeteado e de todas as palavras que ela lhe havia dito. Sim, estava tudo acabado.

Sentindo a posição insegura do casal, Eustákia quebrou o silêncio dizendo, referindo-se a Don Alonso:

– Não podereis voltar sem antes eu vos mostrar toda Paris. Conhecei-a?

– Não. Somente passei por aqui uma vez.

– Mas então iremos mostrá-la, não Lucile?

Lucile emudeceu enciumada.

– Deixai para outra ocasião o vosso gentil convite – falou Alonso vendo o olhar de Lucile.

– Ora, não acho. Se Lucile não quiser vir conosco, então iremos sós.

Lucile, sentindo o rubor subir em suas faces levantou-se da mesa dizendo:

– Não, minha amiga. Não podemos, porque viajaremos amanhã pela manhã. Parto com Don Ferdinando para a Normandia – e subindo a escadaria, voltou a olhar Alonso, sorrindo. Ele, embevecido com o olhar brilhante dela, não lhe tirou os olhos.

Afinal, ela lhe sorria novamente. Não havia pensado que sua viagem seria o motivo para fazê-la retratar-se. Ficara desiludido com ela e não tinha mais esperança em relação à mulher que amava. Sim, depois de tantos meses de trabalhos sérios e dedicados, de boas iniciativas para adotar uma ótima conduta administrativa, não perdoara ter sido tratado por ela como subalterno. Voltar à Espanha e não retornar, esse era seu desejo extremo, no entanto, agora, ao vê-la sorrir desejando partir com ele, todo seu plano caíra por terra. Pelo que conhecia da vida, o sorriso era o sinal de amor, o sinal que ele desejara há tanto tempo da mulher amada e que lhe ha-

Paixão e Destino 53

via sido excluído. Oh, quanto esperara para que isso acontecesse!

Então, respondeu a Eustákia sem deixar de olhar para Lucile, que subia as escadarias mirando-o sempre:

– Sim, voltaremos amanhã cedo.

– Ora, pelo que sinto, estais a fugir de mim. Por quê? Prometei-me ao menos que, já que Lucile não nos quer acompanhar, ireis à Ópera comigo amanhã à noite, mas antes, durante o dia, eu, essa amiga da condessa de Salvaterres , vos levará a dar uma olhadela pela cidade. Don Alonso... vós não podereis vir a Paris sem ver as suas principais e mais famosas obras...

Lucile, que subia a escadaria, suspirou. O ciúme estava lhe corroendo a alma.

Capítulo III

Amando

"O amor resume a doutrina de Jesus toda inteira, visto que esse é o sentimento por excelência, e os sentimentos são os instintos elevados à altura do progresso feito.

Em sua origem o homem só tem instintos; quando mais avançado e corrompido só tem sensações; quando instruído e depurado, tem sentimentos. E o ponto delicado do sentimento é o amor, não o amor no sentido vulgar do termo, mas esse sol interior que condensa e reúne em seu ardente foco todas as aspirações e todas as revelações sobre-humanas."

LÁZARO (*O Evangelho Segundo o Espiritismo*, cap XI – item 8.)

Totalmente enciumada por sentir Eustákia evidenciando-se ao homem que, meses atrás, ela havia considerado um "serviçal" de seu castelo, a condessa resolvera colocar seu pensamento a seu livre-arbítrio e levar o homem, que antes abominava, de volta ao castelo de sua propriedade. Falaria com ele para que ele rejeitasse a proposta da amiga indecorosa. Ele já não lhe era tão hostil, nem seu olhar escondia a extrema frieza que procurara demonstrar todos aqueles meses.

Sim, ela estava prestes a perder o homem, companheiro de tantos anos, que lhe estava atraindo os mais secretos desejos, até o momento totalmente escondidos dentro de si mesma. Agora, não conseguia colocar-lhe o olhar sem se trair. Ele, com toda a exuberância de belo tipo espanhol, tez morena, olhos profundos e vibrantes, com todo o caráter que lhe vinha naturalmente quando falava, quando esboçava um sorriso, com toda a sua reputação de nobre cavalheiro, só lhe poderia mesmo chamar a sua atenção. Afinal, por que não notara aquele homem antes? Como convivera por tantos anos ao seu lado sem o examinar naturalmente e sem fixar-se em seus dotes corretos e autênticos? Como podia, até aquele momento, ter-se desapercebido de que este era o homem que teria desejado por toda a sua vida e que lhe estava ampliando os horizontes com felicidade extrema? Teria sido pela fidelidade ao seu esposo que não o havia percebido?

Lucile atirou-se ao leito e começou a refletir:

Sua viuvez era notória e ainda não estava completo o tempo determinado pela sociedade para que ela deixasse a época de luto, porém, não poderia mais trair o sentimento que lhe ardia à alma. Como pudera achar que odiava aquele homem? Afinal, o que era o sentimento

Paixão e Destino 57

que trazia dentro de sua alma a respeito do seu benfeitor? Sim, teria de admitir que o estava amando. Estava amando-o com todas as forças de seu coração, e este amor não era o mesmo que havia sentido por Alfredo. Alfredo era um nobre respeitado por todos, mas a sedução não estava em seu caráter masculino. Ele a amava calmamente, tranquilamente, enquanto que, pelo beijo ardente que Don Alonso lhe havia dado, este era impetuoso e apaixonado. Mas... estaria comprometido com alguma dama sem que ela soubesse? Afinal, ela deixara a Normandia havia já um mês. E se ele estivesse comprometido com uma daquelas belas e elegantes mulheres com quem saía? Oh, então ela o odiaria novamente por tê-la abandonado. No entanto, ele havia dito que a amava, tempos atrás, naquela tarde em seus aposentos. Será que já a havia esquecido?

Nisso bateram à porta. Eustákia entrou.

— Ah, minha amiga. Penso que estou amando novamente — falou ela sentando-se à beira da cama e fazendo Lucile levantar-se.

— Ah, sim? E quem é esse homem que vos deixou repentinamente assim tão apaixonada?

— Sabereis mais tarde. Mas eu subi mais para dizer-vos que não precisais aprontar vossa bagagem agora porque ireis somente daqui a dois dias.

— Não, estais enganada. Irei amanhã com...

– Don Ferdinando? Oh, não, querida. Já que não quereis nos acompanhar, resolvemos ver Paris iluminada e ir ao espetáculo da ópera à noite.

A jovem condessa corou. O que afinal ela estava pretendendo?

– E... Alonso aceitou vosso convite?

– Não teve como negar-me, afinal, ele é meu hóspede e esta é uma maneira de comemorarmos a sua primeira viagem a Paris.

– Não admito! Não admito! – gritou Lucile enciumada.

– Deveríeis deixar de ser egoísta só por quererdes partir amanhã. Pobre do homem que vem até aqui em um dia e deve voltar em outro. Não achais que isso seja muito exclusivismo de vossa parte, Lulu?

Lucile espantou-se de vê-la chamar assim novamente. Este realmente era seu apelido em tempos de escola quando ambas estudavam no Sacre-Coeur com as Irmãs Paulinas, e fez recordar que a amiga somente se dirigia assim para ela quando estava realmente irritada com sua devoção à Igreja ou mesmo com sua abstração nas salas de aula, porque, por mais que sonhasse acordada, sempre era ela, Lucile, quem tirava altas notas nos estudos.

Lucile estacou e pensou melhor:

Paixão e Destino 59

– Tendes razão. Ele merece conhecer a cidade.

– Sabia que iríeis aceitar, minha querida amiga, pois já que o detestas, como me dissestes, podereis ficar algumas horas afastada dele. Não fostes vós, logo que ele chegou, que pedistes que ele se hospedasse em um hotel? Então, devereis agradecer-me. Bem, agora vos deixo já que ireis acomodar-vos. Um beijinho de boa noite a vós e... se precisardes de nós, ou melhor, de mim, estarei no gabinete confabulando com meu... com Don Alonso. Hum... Que homem sedutor – falou Eustákia, brejeira, suspirando.

Lucile, cheia de rancor, caminhava de um lado para outro. Seu ciúme despertava nela um ódio feroz capaz de matar. Estava odiando a amiga, mas o que fazer? Não, não deixaria a sós os dois, agora que os criados haviam se recolhido. Vestiria seu vestido vermelho, o mais belo e audacioso que comprara e desceria para o gabinete advertindo-os de possíveis ousadias, que poderiam ser proporcionadas pela amiga viúva.

A luz em penumbra, propositadamente colocada pela dona da casa no gabinete para o belo homem, deixara Alonso desajeitado perante a viúva. Ele sentou-se em uma poltrona e começou a fumar seu charuto. Perguntou algumas coisas a ela e volta e meia pedia que chamasse um serviçal para lhe levar um copo de água ou um licor de contreau. Mas a jovem parecia não ouvi-lo até que, naquele momento, adentrou Lucile no gabinete. Sem desejar demonstrar a ela, Don Alonso sentiu-se aliviado. Jamais desejaria fazer o papel de sedutor a uma amiga da mulher que amava, ainda mais agora, quando vira em seu olhar que ela voltara a ser a dócil e meiga mulher de meses atrás.

Lucile, com seus cabelos deixando os cachos caírem sobre os ombros nus, falou:

– Então, cara amiga, não atendeis ao pedido de vosso hóspede? Não vedes que ele vos pede um copo d'água?

Lívida, Eustákia, não esperando a presença da condessa junto a eles, respondeu:

– Oh, desculpai-me, Don Alonso. Não tinha me dado conta de que os serviçais já se recolheram. Eu mesma irei apanhar um copo d'água para vós.

Percebendo o despeito e os ciúmes de Lucile, Don Ferdinando resolveu levar a saída do dia seguinte a sério. Queria fazê-la sofrer tudo o que ele tinha padecido com seu desprezo de tantos dias:

– Condessa, com todo meu respeito, desejo pedir-vos uma orientação sobre o que faremos amanhã. Pediria para sair a sós com a dona da casa, mesmo porque, na carruagem aberta em que iremos só se permitem duas pessoas bem acomodadas. Não posso ser indelicado para com vossa anfitriã, que tão gentilmente me hospedou aqui. Vede, estou pretendendo ser gentil com ela, vós

Paixão e Destino

61

entendeis, senhora? No entanto, fico preocupado convosco. Sugeri, contudo, a Eustákia – perdoai-me eu chamá-la assim, porque ela me impediu que eu a tratasse com a cerimônia que merece – sugeri que ela chamasse outro carro cujo cocheiro já está previamente avisado, para levar-vos a um local onde encontrareis peles fantásticas. Sim, porque Eustákia falou-me que comprastes inúmeros vestidos, mas muito poucas peles. Assim, quando voltardes de vosso comércio, podereis preparar vossa bagagem com o auxílio de Alejandra, a serviçal espanhola, que muito bem entende disso, porque morou com madames da alta roda e que...

– Chega! Para mim basta! Não vos lembrais que tenho meu próprio cocheiro? E vós, por que não vades com o vosso?

– Ora, porque seria um desrespeito para com nossa anfitriã, e também porque, com uma caleça aberta, pode-se apreciar melhor a cidade.

– Tendes razão. Eu mesma não iria gostar de ver Paris novamente, esta cidade sem graça que já conheço tão bem. Casualmente eu também pensava nisso; e... também não há necessidade de outra pessoa para fazer minha bagagem, afinal, vim com a minha própria auxiliar.

– Logicamente será ótimo visitardes mais algumas lojas em Paris, pois teremos muitas festas até o fim do ano no castelo e devereis estar bem apresentada como hoje estais. Que belo vestido, estais magnífica, senhora!

Nisso adentra Eustákia:

– Poderia saber sobre o que estáveis falando até agora?

– Comentando sobre vestimentas belas, e por falar nisso, perdoai-me, graciosa Eustákia, por não vos ter elogiado antes. Vosso traje é muito belo. Pareceis uma rainha com este vestido rendado, e que belo exemplar de adereço trazeis nos cabelos – falou o homem em seu momento de nômade cigano, engendrando maiores ciúmes na mulher que amava.

Lucile, ainda com o sorriso nos lábios pelo elogio recebido, sentiu-se rejeitada e teria vontade de quebrar tudo à sua volta, ou, fazer um trabalho melhor: estrangular aquela atrevida e seu distinto convidado, se não tivesse aprendido a controlar-se desde adolescente por seu tutor. Teria que sair daquela sala; era uma pessoa não desejada ali. O que fazer? Então usou de inteligência e, em segundos, o relógio de bronze que fazia parte da lareira bateu meia-noite; ela aproveitou-se das batidas para concluir:

– Sejamos inteligentes. Se quiserdes conhecer Paris, caro marquês, já que também ireis a Versailles, tereis que sair muito cedo. À noite nada vereis.

– É verdade – falou Don Alonso. Devemos subir agora e nos prepararmos para dormir.

– Mas... ainda é cedo – disse a dona da casa.

Paixão e Destino 63

– Ora, madame, sairemos cedo amanhã, Lucile tem razão, eu estou com o sono atrasadíssimo, porque mesmo dormindo bem na noite passada, ainda não consegui me recuperar da viagem.

No dia seguinte, Lucile, que não tinha dormido a noite toda, ouviu quando o casal saiu, pelas risadas altas da amiga, que não podia se controlar.

À tardinha, depois de comprar infinidades de peças lindas, Lucile banhou-se e quis deitar-se cedo para não esperar o homem que a amava e sua amiga chegarem, ausentando-se na ceia e não descendo mais para estar com eles. Eustákia subiu para ver a amiga, mas esta falou que pedia desculpas, pois estava com tremenda dor de cabeça e não iria jantar.

– Tudo bem – falou sorridente e feliz a dona da casa – então jantarei a sós com o "meu belo espanhol".

Eustákia estava tão feliz com a companhia do homem que achava estar amando, que após o jantar chegou-se perto dele, olhou-o nos olhos e lhe falou com voz doce apanhando suas mãos:

– Don Ferdinando sei que não vos sou totalmente uma desconhecida, agora. Portanto, desejo imensamente que me...

O marquês não deixou ela concluir e simplesmente falou-lhe:

– Senhora, perdoai-me. Eu estou cansado. Agradeço-vos o dia e a noite. Sugiro que durmamos, pois já é tarde e preciso descansar para sair muito cedo amanhã, de volta à Normandia.

– Mas... e a ópera?

– Ah, sim, a ópera terá de esperar até a outra vez. Preciso recolher-me, perdoai-me.

– Então eu irei até lá muito breve, meu caro. Vereis – falou resolutamente a jovem, despeitada.

Capítulo IV

Ciúme

"Haverá maiores tormentos do que os que derivam da inveja e do ciúme? Para o invejoso e o ciumento, não há repouso."
FÉNELON (*O Evangelho Segundo o Espiritismo*, cap. V, item 23.)

A viagem de Paris à Normandia era cansativa. O marquês espanhol e a condessa a iniciaram sem ao menos trocar uma palavra. Com os pensamentos radiosos, experimentando a felicidade que aflorava, Don Alonso sentia-se um afortunado e entendia o silêncio da senhora sentada a sua frente, aludindo-se ao entusiasmo que ele simulara ter na véspera para conhecer Paris com a amiga e anfitriã e este ciúme estava em contraposição ao desengano de sentir-se abandonado pela companheira de viagem. Sim, ela o estava amando, no entanto, ele lhe seria indiferente até vê-la atirar-se em seus braços, esquecendo-se do orgulho de soberana condessa, repleta

66 *Paixão e Destino*

dos mimos com que fora educada e pedindo a ele perdão pelas duras palavras que um dia lhe lançara no rosto.

Sim, ele, por também ser orgulhoso demais, não admitiria outro ato da mulher que por tantos meses o desprezara, a não ser esse.

O coche estava sendo levado por belos caminhos repletos de flores amarelas que subiam os campos, apontando a primavera que chegava, projetando-se em primeiro plano como um trabalho de arte, e no horizonte, castelos avançavam bravos e fortes a lhes lembrar a dureza dos tempos idos, quando vândalos e castelães de outros locais guerreavam, escalando os elevados muros para possuírem os condados.

Don Alonso Ferdinando, marquês de La Torre, olhava a beleza do horizonte artístico e lembrava que Deus realmente devia existir, isolando, com seus arroubos, a figura feminina que, sentada a sua frente, o mirava vez em vez como a lhe perguntar: "O que tendes, meu amor? Por que não falais comigo?" Mas que seguia firme, apesar de relutar em não se atirar em seus braços e declarar-lhe que, agora, tinha certeza que o amava, que desejaria ser sua esposa até o entardecer de sua vida, quando a mão divina a levaria aos umbrais da morte.

Quando imaginava a felicidade que teria ao lado de Lucile, arquitetava mentalmente também estar sendo levado a um lugar escuro à procura do amigo que fizera perecer, em busca do perdão, um perdão que jamais teria,

Paixão e Destino 67

porque estava eternamente resolvido em não favorecer a si mesmo com este feito e, se ele mesmo jamais se perdoaria, muito menos Alfredo ou o próprio Deus faria isso.

Depois, novamente olhava a mulher sedutora a sua frente, enquanto a via olhar para o lado, e agradecia a Deus a bendita oportunidade que Ele havia lhe concedido porque em breve teria a seus pés uma esposa dócil, meiga e apaixonada.

– Lucile – falou ele quebrando o silêncio de três horas –, paremos aqui para descansarmos um pouco à sombra de algumas árvores, pois nosso objetivo fica distante. Alojar-nos-emos em uma estalagem que conheço, onde tenho um cliente que nos tratará melhor. Almoçaremos como em um piquenique. Senti-vos bem, senhora?

– Sim, estou ótima.

– Mas vos vejo tão calada... Achei que sentíeis dores de cabeça.

– Nada anormal – falou ela, deixando-se apanhar pelo espanhol que, já descido, lhe estendia os braços para colocá-la no chão.

A brisa acima do monte onde ficaram trazia o perfume de lilases próximos. O cocheiro entregou-lhes a cesta com uma toalha para cobrir o chão e alguns alimentos, e o casal sentou-se à frente de um lago e à sombra de um carvalho.

Com o calor do sol, Lucile procurou colocar seu chapéu para proteger os olhos e, gentilmente, Alonso levantou-se para ajudá-la. Com os pensamentos febris desde o dia anterior, a condessa enrubesceu e seu coração bateu descompassadamente. Don Alonso experimentou que lhe estava tomando as rédeas e, sentando-se mais próximo, aproveitou para comunicar-lhe:

– Sabeis, cara condessa, que estava pensando que a Senhora, estando só com o novo "servidor" – firmou bem esta palavra – a administrar seus bens, deveria casar-se novamente; não comigo, é claro, visto que eu partirei assim que vós tiverdes aceitado meu pedido de renúncia do espólio de vosso falecido esposo, mas com algum dos amigos extremosos que nos visitam sempre. Muitos deles vos admiram.

Ele fixou-lhe o olhar e ela corou novamente:

– Vós, Don Ferdinando, não estais honrando a palavra de meu falecido esposo. Mesmo não desejando – falou levantando o nariz e colocando os ombros para trás –, mesmo não sendo de minha vontade, acho que devemos honrar este juramento feito a um moribundo na hora de sua morte.

– Honrar? Honrar? Não fostes vós que me dissestes que jamais casaríeis com um...

– Sim, fui eu – falou, não o deixando completar a frase e, levantando-se para que ele não visse sua face, caminhou até o lago e continuou –, mas pensei melhor e

Paixão e Destino

69

achei que seríamos completamente relapsos à alma e à memória do homem que tanto amei.

Don Ferdinando levantou-se também e puxou-a para olhá-la de frente. Lucile corou novamente, mas, resoluta, levantou a cabeça segurando o chapéu de abas largas com a mão direita para que o vento não o levasse.

– Então – disse ele para continuar a fazer o jogo que estava fazendo – , então deverei eu "sacrificar-me" e deixar a minha vida pessoal pela busca da memória de um amigo?

– Sim, isto seria admirável em um homem. Este é o caráter que eu sempre acreditei que possuísseis.

– Mas eu seria sacrificado! Como viver ao lado de uma frívola mulher que nem sequer me admira, que me chama de serviçal, que me abomina? Seria como ser escravo em terra estranha, sem amigos, sem carinhos... eu... eu tenho amor para oferecer à esposa que terei. Quero amá-la e cobri-la de carinhos, quero ter filhos com ela, quero colocá-la em um altar para que seja tratada com toda a atenção que deverá merecer, mas para isso ela deve me amar também.

Lucile saiu a correr pelo campo com lágrimas nos olhos e adentrou em um mato, encostando-se em uma árvore a chorar. Por que havia dito, meses atrás, aquelas palavras rudes ao homem correto que sempre admirara? O que a levara a ser tão imprudente a ponto de tê-lo afastado de si talvez para sempre? Ele havia dito que a amava, mas agora...

Don Alonso olhou-a com a cabeça inclinada. Estava maltratando a mulher que adorava, mas ela precisaria sentir a dor de ser rejeitada como ele o fora. Sua vontade era correr aos seus braços implorando que o perdoasse, que a amava como sempre amara e que queria casar-se com ela sim, para ser eternamente feliz. Gostaria de abraçá-la e dizer a ela tudo o que seu coração sentia, mas controlou-se. Seria melhor continuar sendo frio. Fora esta a fórmula que a vira voltar-se para ele de maneira extraordinária.

– Vinde, senhora, nós devemos continuar a viagem. Voltaremos a falar nesse assunto em outra ocasião, deveis estar fatigada por esta viagem estafante. O sol está quente e deveis estar com dor de cabeça. Vinde comigo.

Lucile deixou-se ser abraçada pela cintura e deitou sua cabeça no ombro do homem que estava amando. Abandonou-se ao encanto de encontrar-se também amada, mas logo, voltou com sua altivez e, andando rápido, falou:

– Voltemos ao coche.

Quando já se fazia tarde, os viajantes chegaram na taberna do cliente de Don Alonso, que os colocou regiamente para passarem a noite. Ambos recolheram-

Paixão e Destino 71

se cedo, sem se falarem, logo depois de Flora chegar no outro coche da condessa, para auxiliar sua madame. Ambos permaneceram calados, somente com um breve boa-noite, mas com as mesmas lembranças da conversa que tiveram à beira do lago, ouvindo os pássaros cantarem e o barulho suave do balanço tranquilo das águas embaladas pelo vento.

Não conseguiram dormir. Seus corações estavam unidos, mas o orgulho de ambos não permitia se entregarem a esse amor. A condessa resolveu levantar-se e ir até o balcão de seu dormitório; respirou o ar puro da noite perfumada, olhando o luar prateado da lua cheia a envolver matas, campos e as casas de pedra do local. Quantas estrelas... Quanta beleza.

– Bonito, não?

A viúva de Alfredo assustou-se e olhou ao lado. No balcão, ao lado do seu, o espanhol, camisa branca, peito aberto, mirava também a mesma imagem de beleza que ela via.

– Oh, assustei-vos? Perdão, senhora condessa – falou ele com sarcasmo fazendo-lhe uma reverência, indo quase até o chão. – Perdão, porque um serviçal não deve tratar sua senhora desta forma, ainda mais quando é noite alta e todos dormem. Mas a noite está tão bela e perdi o sono. Não foi por vossa causa, posso afirmar. Sim, porque depois de minha audácia em beijá-la tempos atrás, deveis pensar isso, mas creiais, jamais vos aprontarei tal afronta novamente. Sou um simples espanhol, serviçal e jamais poderia ter feito o que fiz. Por isso quero agora ter a oportunidade de vos pedir... perdão. – E fez outra reverência do mesmo porte.

Lucile indignou-se dizendo:

– Que esta seja a última vez que falais isso. Eu, agora, reverentemente vos peço "perdão" – falou isso fazendo a ele a mesma reverência, quase alcançando o chão.

– Ora, senhora, não deveríeis pedir-me perdão, porque afinal nada mais é que a realidade... Sou vosso...

– Chega, por favor, basta! Proíbo-vos de falar isso outra vez – e adentrou o dormitório soluçando novamente.

Não estaria o jovem advogado abusando pisando sempre nas mesmas palavras? Pensou ele melhor e resolveu desculpar-se por sua impertinência. Mas para fazer isso deveria ir até ela, bater na porta e... e se fosse escorraçado? Lembrou de levar-lhe um pouco de vinho para que ela tomasse e esquecesse os problemas, facilitando, desta forma, o desprendimento noturno de sua alma por um agradável adormecer.

Desceu, pediu uma jarra com vinho rosé e duas taças. Ao passar pela porta de Lucile, parou. Refletiu um pouco para pensar se não estava sendo abusado e resolveu bater.

Paixão e Destino   73

A jovem, já com os cabelos em desalinho, caídos pelo colo, chegando até quase à cintura, abriu a porta largamente achando que ali se encontrava Flora, que fora apanhar água para ela. Quando viu Don Ferdinando, com o cabelo preso por um laço preto de seda, sorrindo deixando apresentar toda a dentadura perfeita, ela não soube o que dizer. Simplesmente abandonou seu orgulho e agarrou-se ao seu pescoço abraçando-o. Alonso, com o coração aos pulos, adentrou no dormitório, largou as taças e a jarra sobre a mesa e fortemente retribuiu o abraço, acariciando a cabeleira da mulher amada.

– Finalmente, menina orgulhosa – falou baixinho.
– Finalmente vos lançastes nos braços de quem vos ama realmente.

– Sim, eu vos amo! Vos amo! Oh, como vos amo!

Todos os serviçais viram, com admiração, o olhar de felicidade que resplandecia na face de sua senhora, quando ela chegou.

Os servos do castelo, à espera dos patrões no hall de entrada, juntamente com o padre Germano de Lucerne, admiraram-se de vê-los unidos e abraçados quando entraram no castelo dos Salvaterres.

Alfredo, em espectro, ali chegado sorria também, acostado em uma das colunas da entrada porque, afinal, o amigo estava aí a tratar de sua esposa e filhos, como prometera a ele. No entanto, o esposo de Lucile tinha a preocupação de saber quem lhe dera o tiro e por quê.

Na espiritualidade, sua primeira atenção foi, depois de algumas semanas, ter aberto os olhos, ter olhado para seu corpo e ver que estava vivo.

– Onde estou? – perguntara ele a um dos enfermeiros ao seu lado.

Vira que tinha mudado de quarto e não reconhecia aquele lugar. Onde poderia estar? Havia paredes muito alvas e grandes janelas dando visão a um belo jardim no estilo inglês, com árvores desenhadas e arbustos formando caminhos, com lagos e chafarizes... Aquela construção do que pensava ser um hospital, pelo que via, era também do século XVI, nobre, austera e fria, mas dentro do recinto, uma tênue luz azul se fazia admirar com eflúvios resplandecentes que, de vez em vez, se transformavam em lilás. Encantado com o colorido das flores na rua e com tudo o que enxergava, Alfredo preocupou-se e perguntou ao enfermeiro:

– Não entendo. Como ainda estou vivo?

– Senhor, acordastes... com todo o respeito, chamarei o Dr. Marcos para conversar convosco. Aguardai por alguns momentos.

– Sim, mas não podeis responder-me isso? – perguntou Alfredo sentando-se no leito.

O jovem enfermeiro aproximou-se dele, fazendo-o deitar novamente.

Paixão e Destino 75

– Tende calma, Sr. Alfredo. Ainda não podereis remover-vos do leito. São ordens médicas.

– Então não morri? Oh, graças a Deus. Agora não perderei minha família tão cedo.

O enfermeiro, sem permissão de contar-lhe a verdade, saiu à procura do mentor, médico psicólogo daquela ala, Dr. Marcos.

O médico entrou sorrindo:

– Então, até que enfim acordastes deste longo sono.

– Estou satisfeito de não ter perecido, quando tudo que vi primeiro foi a escuridão que achei seria eterna. Depois, uma forte e límpida luz... Mas não reconheço este hospital.

– Meu filho. Vedes aquele crucifixo na parede à frente do vosso leito?

– Sim, é lógico.

– Lembrai-vos do Novo Testamento, o Evangelho de Jesus e de seus últimos dias?

– Sim, lembro muito bem.

– Então respondei, o que aconteceu com ele depois de sua morte?

– Bem, ele ressuscit... O quê? Então eu morri e ressuscitei?

– Bem, meu filho, por terdes merecimento por vossa

76 *Paixão e Destino*

alma cheia de amor e fidelidade às leis morais, cumprindo com vossa missão fielmente na Terra, foi-vos concedido que vos falássemos a verdade ainda neste momento. Estais vivo. Mas estais vivo não com vosso corpo de carne, mas em vosso espírito. Ninguém morre, meu filho, somos eternos, por isso é importante respeitarmos as leis morais que Jesus veio nos lembrar em seu Evangelho. Através de nossos bons atos, durante nossa escalada terrena, logo ao desencarnarmos recebemos esta consolação através do conhecimento.

Jesus nos falou um dia: "Quem me segue terá vida eterna". Sim, desencarnastes, mas deixastes tudo a correr perfeitamente, para vossa alegria.

– Ah... compreendo – falou Alfredo, o senhor de grandes bens, cabisbaixo. Então estou em outro local...

– Sim, em outro local no plano espiritual. Na morada que mereceis por direito divino.

– Quando poderei levantar-me?

– Em breve tereis oportunidade de sair do leito e caminhar por estes jardins onde encontrareis talvez vossa mãe, ou vossa babá. Lembrai-vos de Elise? A menina que vos acalentava nas horas da brincadeira? Ela está aqui também.

– E poderei encontrar meu pai e o Sr. Deville, que foi meu tutor?

– Oh, sim, encontrareis muitos dos que amastes,

Paixão e Destino

mas nem todos os que desejais encontrar. Lembrai-vos daquela passagem do Evangelho quando Jesus falou "Há muitas moradas na casa do Senhor?"

O conde fez um sinal afirmativo, mas entristeceu-se. Lucile não estaria ali com ele e talvez jamais visitasse aquele lugar tão belo e voltasse a seus braços, visto que seria esposa de outro homem.

– Por que entristecestes? Acaso não seremos amados se estivermos distantes? Lembrai-vos, querido filho, aqui somos sempre lembrados.

– Mas no momento sinto que Lucile está sofrendo muito. É como se a visse trancafiar-se em seus aposentos sem querer sair. Talvez ela morra também, e como ficarão nossos filhinhos?

– Não, meu amigo. Ela tem outra missão e cumprirá, vos prometo. Agora relaxai que vos quero induzir a novo sono, por isso, estas luzes vibratórias vos darão conforto e calma. Adormecei novamente; mais tarde podereis voltar à terra para rever vossa família. Isto depende de um tempo, mas também depende de vós.

– Alfredo adormeceu com um sorriso nos lábios por saber que mais tarde teria esta bendita oportunidade. Sim, Deus era amor e sabedoria. E adormeceu com a frase em seus lábios: "O Pai ama mesmo seus filhos".

Naquele entardecer, Alfredo sorria para o amigo que chegava, de mãos dadas com Lucile, radiante e bela como nunca e o agradecia mentalmente. Já não sabia quanto tempo fazia que havia partido, seriam um ou dois anos? O tempo no Plano Espiritual era diverso deste tempo na Terra. E lançava para os dois, vibrações de amor calorosas e fraternais.

– Não sei, Alonso, mas parece-me que vejo aí nesta coluna Alfredo a nos sorrir – falou Lucile.

– Ora, querida. Ele deve estar sorrindo no céu, onde é seu lugar. Como vos sentis? Bem?

– Como me sinto? Sinto-me apaixonada, isso sim... Não sei se poderei ser mais feliz que isso.

– Então, quereis ou não vos casar com um...

Lucile colocou a mão sobre seus lábios, e o jovem, abraçando-a, desatou a rir.

– Sim, aceito este compromisso que me fará a mulher mais feliz da face da Terra.

– Então corramos a abraçar "nossos" filhinhos e contar-lhes a novidade. Que bom que eles já me querem bem – falou o espanhol, cheio de encanto e reluzente de alegria.

Diz-se que a pessoa, quando ama, pode aparentar iluminada para a pessoa amada. E isso é uma verdade, porque as vibrações do amor são luminosas e envolvem nosso corpo formando uma grande aura em nossa volta. A pessoa se imanta desta luz que a envolve e, às vezes, é vista ou sentida pelo ser amado.

Paixão e Destino

Alfredo retirou-se enciumado. Cabisbaixo, falou ao mentor espiritual que o acompanhava, que desejava partir. Desejava voltar ao lar espiritual que adquirira para deixar-se lá ficar durante algum tempo mais, pois apesar de ter tomado a atitude de pedir que Alonso se casasse com a esposa, por amá-la e não desejar desampará-la, sentira ciúmes e este sentimento o maltratava e corroía o íntimo. Quisera ele estar ali com ela, quisera ele beijá-la e abraçá-la. Quisera ele conviver com ela e estar em seus braços...

– Vamos, meu filho. Eu havia vos falado que era cedo demais para revê-los. Fiz vossa vontade por serdes merecedor. Devemos partir para que pensamentos perniciosos não vos afetem a alma. Em breve, quando ela estiver dormindo, podereis matar a saudade de seu coração.

Alfredo parou. Baixou a cabeça e imagens negativas e de baixo teor o invadiram. O ciúme em pensar na mulher amada em outros braços tomou conta de seu interior e ele sentiu-se invadir por imensa cólera. "Quem sabe não eram amantes, já que em tão pouco tempo estão tão próximos? Não contava com isso, pensei que meu amigo Alonso respeitaria minha vontade com a dedicação que lhe ofereci por todos estes anos. Não desejei que se entregassem desta forma ao amor. Minha imagem deveria estar entre eles, no entanto não vejo nenhum sinal de saudade. Eles não mereciam o que dei a eles todo este tempo. Oh, Lucile, tu o amavas há quanto tempo?"

– Não, eu não posso ir embora, meu amigo. Devo descobrir tudo. Devo tirar a limpo se eles realmente me traíram.

Nisso viu se aproximarem almas sombrias, de natureza inferior, que o incentivavam a ficar e a envolver o casal:

– *Ficai, amigo... ficai para descobrir quem vos assassinou. Ficai... Não teria sido alguém com o propósito de arrebatar-vos vossa esposa? Realmente eles estão muito apegados um ao outro, não sentis isso? Ora, sinto aí sedução e carne... Talvez vosso pensamento esteja certo. Eu ficaria aqui e testaria estes dois adúlteros. Percebestes como se olharam e o que disseram um ao outro? Nem esfriastes no túmulo e estes dois já...*

– Sim, tendes razão. Devo ficar aqui para tirar isso a limpo – respondeu Alfredo à turba que não avistava o seu mentor espiritual.

Apreensivo, o Mentor Ismael puxou-o pelo braço:

– Vinde, meu filho. Estais sendo envolvido por sentimentos baixos e malévolos que vos poderão puxar para baixo e serdes enredados por seres que pensam igualmente. Vamos já! Correis perigo! De nada adianta pensar no passado. Tudo aqui deverá ser por ora esquecido.

Alfredo sacudiu-se e olhou o mentor frente à frente:

– Não! Não será melhor eu ir, mas permanecer

Paixão e Destino

81

aqui. Veio-me uma infeliz desconfiança em mente. E estou atolado de ciúmes. Não poderei voltar enquanto não souber a verdade. Quem atirou em mim? Qual a finalidade? Perdoe, Mentor Ismael, não terei paz se não souber se realmente minha esposa foi fiel a mim ou se ambos me traíram. Ele tomou-me tudo, o infeliz. Esposa, filhos e dei a ele minha fortuna. Oh, por que fui fazer isso?

– Mas podereis perder vossa morada, meu filho. Podereis perder-vos no caminho. Fostes uma pessoa admirável quando encarnado, por que colocar tudo a perder?

– Ora, não vos preocupeis tanto... afinal, nada poderei fazer a estes seres viventes, não vedes que estou morto?

– Vós pensais assim porque desconheceis as leis de Deus. Podereis causar a infelicidade deste casal que agora se ama se vos colocardes junto a eles a observá-los.

– Mas dizei-me então, como ela o amou tão rapidamente? Sim, ouço este homem de roupa escura, próximo a mim, a cochichar-me isso. Sim, eles são amantes de longa data! E eu que confiei tanto nos dois! Oh, eu os odiarei, blasfemarei contra eles, tirar-lhes-ei a paz. Eu juro!

– Ora, meu amigo, não deveis ouvir conversas infelizes, visto que não são benevolentes. Este ser que está próximo a vós, não me vê, por isso posso vos falar tranquilamente: Talvez vos olheis e vos acheis estar ainda no corpo de carne. Mas já fostes conhecedor da verdade. Começastes agora outra etapa de vossa vida que é eterna. Devereis ouvir a voz do coração que foi puro até agora. Lembrai-vos de que a inveja e o ciúme levam-nos a cometer os maiores delitos. E viveremos em um inferno, atormentados e sofredores, enredados pelas teias de nossa própria inconsciência... Quereis isso para vós?

– Perdão, Ismael, mas já estou atormentado. Preciso descobrir a verdade. Preciso dela! E não me faleis mais nada. Voltai à vossa morada, deixai-me aqui, vos imploro!

– Digo-vos que podereis ver esta verdade do plano espiritual onde vos alijais a alma, mas ainda não é hora. Aguardai mais um tempo. Tende confiança em mim. Vinde, por favor, comigo.

Nuvens escuras, sugadas pelos escandalosos pensamentos intemperados e materiais de Alfredo, aproximavam-se dele lentamente, não chegando muito perto, pelo receio da luz que avistavam. Mas enviavam-lhe idéias, calúnias, armadilhas que deveria ele fazer para que fossem descobertos os ardilosos amantes; comentavam baixinho sobre o belo homem que era Don Alonso e o olhar que sua esposa depositava nele olhando-o de cima a baixo; faziam menção de mostrar que ele era jovem e que a convivência com aquele homem sedutor não a devia ter deixado longe do pecado e que já escondiam dele por longos anos toda esta cupidez de seu doloroso martírio.

Paixão e Destino 83

– Não! Eu fico. Deverei descobrir a verdade!

– Não posso permitir isso, meu amigo – insistia Ismael –, é muito perigoso para vós que ainda estais convalescendo. Ouvi-me, nós precisamos ir.

– Mas como irei com estes pensamentos em ebulição tremenda? Vistes o que eu vi? Vistes como se amam? Ah, se eu tivesse percebido antes. O que fiz! Por Deus, o que fiz! Entreguei-os um ao outro e já estavam unidos pelos laços do amor.

– Meu irmão, quando se está enciumado, pesadas nuvens nos cobrem a alma e não vemos a realidade das coisas. Nossos pensamentos se confundem e criam armadilhas mil no mais íntimo de nosso coração. Não caiais nelas, vos peço. Esta não é a verdade. Eles nem se conheciam intimamente e somente agora descobriram que se amam.

– Mas quem foi que disparou contra mim? O homem não terá sido mandado por um deles? Teriam me traído, os adúlteros? Não vedes meu coração angustiado, Ismael? Não vedes que me atormento e só em pensar em deixá-los sozinhos fico desesperado?

– Irmão, fostes vós que entregastes vossa esposa para ser protegida a este homem. Por que ficar assim agora?

– Fiz isso porque pensei que fosse morrer, mas estou vivo, vivo! Eu posso cuidar dela. Ah, minha cabeça tonteia. Olho-me. Estou vivo e perfeito.

84 *Paixão e Destino*

– Não, meu querido amigo. Podereis, isso sim, prejudicar a vida destes dois indivíduos, que em épocas passadas se pertenciam e se amavam.

– Não acredito nisso! Vá, Ismael, e deixai-me aqui em minha casa. Fico feliz que estou aqui e tudo me pertence Nada perdi. Estou novamente em meu lar e cuidarei do que é meu por direito.

– Bem, como tendes vosso livre-arbítrio, nada mais posso fazer para convencê-lo. Vamos fazer assim. Que fiqueis por alguns dias, mas vos comunico que não tereis paz. Virei ver-vos em momentos marcados pela espiritualidade. Que o Pai se apiede de vossa alma, meu filho.

Alfredo, sentindo-se livre, adentrou no castelo indo diretamente ao dormitório de sua esposa e seguido pelos irmãos que estavam arraigados naquele umbral, dispersos pelo local de seus íntimos prazeres, à busca de diversão.

Com a porta entreaberta, o esposo de Lucile adentrou e começou a examinar o local procurando com os olhos o traidor. Ninguém havia lá, somente a jovem esposa a pentear seus longos cabelos com a presença de Flora, que comentava:

– Que viagem longa fizemos, senhora. E digo-vos que viajar sozinha é um pedaço do inferno que apanhamos com as mãos. Fizestes boa viagem, senhora? Vejo em vossos olhos que estais feliz. O que ocorre?

Paixão e Destino   85

– Ah, minha querida amiga, posso chamar-vos assim, visto que me servis por tantos anos. Eu amo novamente. Amo e sou amada. Estou tão feliz! Mas custei a crer neste homem que nada mais é que um cavalheiro e um homem corretíssimo. Sabíeis que ele esteve em Paris para que eu assinasse os documentos me devolvendo a herança deixada por Alfredo e minha liberdade? Sim, disse-me que eu estava livre e que colocaria um administrador para mim a fim de que eu tivesse o controle das propriedades em minhas mãos. Ele é um homem de bem, Flora, e...

– E o que, senhora?

– Bem , isso são coisas que um casal não deve contar.

Sim, Flora, ela está vos escondendo o crime – falou baixinho Alfredo.

– Fico muito feliz que depois de um drama tão grande como o assassinato de vosso esposo, estejais assim, senhora, tão feliz.

Alfredo recuou. Queria falar, mas a lembrança do tiro em seu peito causou-lhe extrema dor e ele cambaleou. Então era verdade? Ele havia sido assassinado? Soubera por Ismael, mas não crera muito nele, por que então se sentia vivo? Sabia que tudo estava correndo agora muito diferente, no entanto, via-se e seu corpo estava como antes. Não havia ferimento nele.

Seus pensamentos foram quebrados pela pergunta de Flora:

– Quando será o casamento, senhora?

E Alfredo, ouvindo aquilo, falou, mas não foi ouvido: *Então irão mesmo casar-se, os amantes? Não, eu não permitirei.*

– O casamento será marcado para o mais breve possível. Agora podeis retirar-vos, Flora, porque irei acostar-me por um pouco.

Lucile colocou o camisão de seda e deitou-se na cama com os cabelos soltos. Estava tão feliz e sonhava com seu próximo casamento. Então falou baixinho:

– Faremos vossa vontade, Alfredo, e eu vos agradeço por me permitirdes que ame novamente.

Enlouquecido e fora de si, Alfredo respondeu a ela:

– *Não! Não permitirei que sejais de vosso amante definitivamente! Sois minha esposa e eu ainda vos amo, mulher adúltera, mas quero ter certeza disso e, mesmo que neste dormitório ele não esteja, ficarei espreitando, porque se ele chegar a vir aqui eu...*

Seu pensamento foi cortado pela expressão de Lucile:

– Até que a morte nos separe, até que a morte nos separe. Assim fiquei convosco, Alfredo, assim permanecerei com Alonso agora, o meu amor, este amor que ar-

Paixão e Destino 87

rebata minha alma e me enleva até o céu cada vez que me beija.

Alfredo começou a chorar. Por que ela não o ouvia? Tentou beijá-la, mas ela não sentia nada. Tentou abraçá-la e chamá-la pelo nome, mas era como falar com o vento.

– *Ó, dor, ó solidão, ó desesperança, como sofro! Mas nada poderei fazer a não ser segui-los e... descobrirei a verdade, eu juro! Mesmo que tenha de permanecer aqui durante o tempo que me resta!*

Alfredo não se dava conta de que estava sendo intuído por aqueles espíritos que vibravam como ele e o instigavam a agir daquela forma. Ele não os via, mas sentia uma insegurança e um temor incomum. Nem tivera o prazer de rever seus filhos, embalado que estava pelo rancor, e sendo castigado pelo ciúme que derruba qualquer mortal, sendo que no plano espiritual tudo se representa com acréscimo.

Estava vivendo um verdadeiro inferno.

Bateram à porta. Três batidinhas. Lucile saltou da cama e abriu-a. Lá estava ele, com um buquê de flores que apanhara no jardim. Entrou e a abraçou, beijando sua face com ternura:

– Para minha futura esposa. Ah, minha querida. Não sabeis como estou feliz. Tudo a minha volta tornou-se belo e extasiante. Amo a vida, sou feliz novamente.

– E eu sinto-me livre para amar-vos, porque Alfredo me libertou. Ele quis nossa união.

– Sim, apesar de amar-vos ainda há bastante tempo, nunca imaginei que ele pudesse me dar esta alegria.

– Isso é porque ele foi um homem honrado e bom, que realmente me amou, meu querido. Vinde, entrais em meus aposentos e ficai um pouco comigo no terraço para, unidos, apreciarmos o entardecer neste belo jardim.

E Alfredo pensava: *Sim, eles já se amavam há tempos, não relatou isso agora Alonso? Terei de fazer algo para que eles percebam que eu estou aqui. Terei de fazer algo, não os quero juntos! Não os quero! Oh, Deus! tirai de mim este desespero, meu Deus! Sinto-me morrer de ciúmes e de ódio! Odeio estes dois apesar de tê-los entregue um ao outro. Ouvi que ele se declarou que a amava antes de eu... terá sido ele meu assassino? Não, não pode ser, estou vivo, sinto-me vivo! Oh, parece que enlouqueço! O que fazer? O que fazer?*

Alucinado, o esposo de Lucile se debatia em fúria louca rosnando e batendo-se para ver se acordava daquele pesadelo. Estava vendo os noivos beijarem-se unidos no balcão do dormitório a apreciar a natureza. Sentia seus arroubos, e a paixão iluminava seus corpos com uma luz avermelhada. Queria bater neles, mas seus punhos ultrapassavam seus corpos. Queria matá-los, mas não conseguia nem apanhar uma colher, quanto menos a arma dentro da gaveta da mesa de cabeceira

Paixão e Destino 89

de Lucile. Saiu do dormitório e foi caminhar pelo jardim apanhando ainda um pouco do pôr-do-sol a banhar a planície e os vales corando com tons róseos as paragens do local. Teria de colocar as ideias em ordem. Quem havia tirado sua vida, isso se ele mesmo morrera? Procurou o delegado para saber dele alguma coisa e inspirou seu segurança a seu lado que, mais sensitivo, perguntou ao delegado:

— Então, doutor delegado, vós não sabeis mais nada do caso de Alfredo Salvaterres?

— Não, meu caro. O homem que encontramos e poderia nos dizer algo, está morto. O principal suspeito, Don Ferdinando, já não mais o é, pela ação do moribundo antes de morrer que lhe deixou sua fortuna e pelo ato de Don Alonso, que corre na jurisdição deste condado, deixando-a de volta à esposa de Alfredo. Ele é inocente, pois ainda casar-se-á com a esposa de Alfredo por afeição ao defunto. O que não é desprezível, não é? Afinal, aquela mulher é bela demais.

— Sim, eu também achei.

— Ora, quem sois vós para olhardes para a mulher de outros homens? Comportai-vos! – falou o delegado colocando o soldado no lugar que lhe era devido. – Não penseis que porque converso convosco, podeis dar vosso palpite neste local onde somente eu comando.

— Mas não descobristes quem era aquele assassino?

– Procuramos por todo o condado, mas ninguém encontramos que o tivesse conhecido.

– Que tipo de homem era ele, delegado? Perdoai, mas não o vi, por isso pergunto.

– Ele era um homem baixo, tez morena, talvez um... cigano, ou quem sabe, um...

– Espanhol – completou o segurança.

O delegado olhou para ele e respondeu:

– Sim, quem sabe um espanhol, mas digo-vos, meu rapaz, uma coisa: "Jamais" conseguiremos o nome deste infeliz.

– Já procurastes iniciais em suas roupas? – perguntou o segurança sendo intuído pelo defunto.

– Ora, não havia pensado nisso. Mas tenho ainda um casaco do paletó que ele usava entre seus pertences. Amanhã mesmo procurarei saber sobre isso.

Alfredo sentiu um alívio e afastou-se dos dois homens. Quem fora o assassino? Por que motivo haviam atirado nele? Sim, foram os amantes, com certeza.

CAPÍTULO V

Voltando ao passado

> *"Perdoar os inimigos é pedir perdão para si próprio; perdoar os amigos é dar-lhes uma prova de amizade; perdoar as ofensas é mostrar-se melhor do que era. Perdoai pois, meus amigos, afim de que Deus vos perdoe, porquanto, se fordes duros, exigentes, inflexíveis, se usardes de rigor até por uma ofensa leve, como quereis que Deus esqueça de que, cada dia maior necessidade tendes de indulgência?"*
>
> PAULO, APÓSTOLO (*O Evangelho Segundo o Espiritismo*, cap. X, item 15.)

– Minha querida, eu terei de viajar – falou Don Alonso, procurando por Lucile na saleta de chá.

– Viajar? – perguntou ela deixando cair o seu bordado. Mas e o nosso casamento? Ficastes de marcá-lo para daqui a trinta dias e teremos muitas coisas para conversarmos, como os preparativos, por exemplo.

– Preciso ir. Ficareis mais satisfeita comigo se eu

for do que se eu ficar aqui para os preparativos do nosso casamento.

– Por quê dizeis isso?

– Bom, isso será uma surpresa para vós.

A condessa levantou-se, deixou o bordado de lado e saiu rapidamente encaminhando-se ao jardim interno.

Don Alonso sentiu que ela estava triste e saiu atrás dela abraçando-a pelas costas, falando carinhosamente:

– Ouça, querida. Já faz algum tempo que preparei esta viagem que nunca saiu. A última vez que estive na Espanha foi alguns anos antes de Alfredo perecer. Portanto, minha querida, a única coisa que vos peço é que tenhais paciência, porque em breve eu estarei de volta.

– Mas dizei-me, por que quereis voltar para lá? Já não sois feliz aqui neste castelo ao meu lado?

– Uma esposa deve seguir os passos do marido. Em breve nos mudaremos daqui. Sabeis uma coisa, querida? Ultimamente não ando dormindo bem. Aparece-me em sonhos a alma de meu amigo a reclamar a esposa. Vós. Sei que isso é uma bobagem, visto que foi ele mesmo quem me implorou que me casasse convosco. No entanto, tudo se transforma quando penso nele. Quero mudar-me daqui, não que meu carinho e respeito por ele tenham se transformado, não, mas pelo pavor que cenas como essas daquele sonho me aconteçam novamente.

Paixão e Destino 93

– Isso é uma desculpa que usais para afastar-vos de mim.

– Nem pensai nisso. Eu vos amo mais que tudo.

– Então que me leveis junto.

– Não poderei. O que tenho que fazer será breve e logo estarei aqui para nos comprometermos perante Deus e o mundo.

– Está bem – falou a condessa estranhamente triste, atirando seu bordado no piso frio.

– Ora, querida. Não vos comporteis como uma criança que perdeu seu brinquedo. Serei eternamente vosso, não me julgueis de outra forma, por favor.

Alfredo, ao lado da esposa sorria, porque via que seus pensamentos causavam efeitos sobre a mente dela. Colocar dúvidas quanto à personalidade de Alonso, colocar-lhe ciúmes e desconfianças, este seria seu objetivo agora. Assim eles se separariam brevemente e não haveria mais casamento. Alfredo admirara a honradez de Alonso por ter devolvido a ela a herança recebida, mas jamais permitiria que sua esposa pertencesse a ele. Ele, Alfredo, não havia desaparecido. Sua posição era de uma pessoa que talvez não significasse muito a eles, visto que não poderiam vê-lo e que pareciam estar desapercebidos de sua presença lá, mas ela era dele somente. Amava-a!

Don Ferdinando deixou o castelo com grande alívio. Afastou-se das sombras, afastou-se do espírito de Alfredo, visto que sonhara com ele por diversas vezes, sempre o mesmo tipo de sonho.

O fato é que, quando adormecemos, nosso espírito liberta-se para viver sua liberdade. Alfredo sentia isso e procurava estar próximo do amigo quando ele acordava, para falar-lhe que estivera enganado e que ele deixasse a sua esposa em paz visto que não morrera, que estava muito vivo e junto a ela. Em resposta, Alonso respondia que jamais faria isso, porque jurara a ele, Alfredo, fidelidade e afirmaria, perante Deus, este ato de carinho por ele, e também que já amava sua esposa há muito tempo e que ela também o amava. Perante Deus esta relação já existia.

Alfredo esbravejava e dizia que iria persegui-los já que o haviam traído por tantos anos. Alonso dizia que ele estava enganado, mas Alfredo não acreditava em suas palavras e perguntava enérgico e bravo: "Fostes vós meus assassinos, não fostes?"

Ao ver que o marquês havia abandonado o castelo, o espectro de Alfredo circundou a esposa com afetos e carinhos que não eram percebidos por ela no momento. No entanto, quando as antigas lembranças das mulheres que envolveram o noivo anteriormente começaram a fazer morada no coração de Lucile, ela abriu passagem para aqueles espíritos sofredores que envolviam o marido

Paixão e Destino 95

morto e começou a desfilar um rosário de lamentações e lamúrias, gravemente perturbada pelo ciúme.

A conexão para o mal se fazia naquele momento e alcançava a faixa mais inferior de Alfredo; Lucile começou a chorar. Em sua mente, perigosos e sofridos tormentos acorreram. Era um ciúme fantástico e irreversível que a dominava. Ela fitava o horizonte da janela do dormitório ou de onde estava, imaginando a Espanha próxima e as mulheres a dançar com aqueles vestidos sensuais a bajularem o futuro esposo e a tentar tirá-lo dela. Caminhava de um lado a outro dos ambientes por onde ia, sem retirar este pensamento da cabeça. Durante o dia, imaginava-o a passear em um jardim escondendo-se por entre folhagens dos castelos e a beijar e fazer juras de amor às suas castelãs; à noite, imaginava o seu amor adentrando pelas grandes janelas entreabertas, onde belas donzelas o esperavam para amá-lo como ela ainda não havia amado. O fogo doloroso do ciúme atirava-se sobre ela com fúria total e desesperada, e ela seguia a correr como louca por entre as colunas da entrada indo esconder-se no jardim, onde colocava para fora, em um choro compulsivo, todas as suas mágoas. Sem notar o espectro de seu marido, Lucile desejava morrer, porque a dor de perder o homem que aprendera a amar seria fatal para ela.

Assim passaram-se os dias até a jovem viúva resolver aceitar os convites dos amigos de Alfredo para festas com suas digníssimas esposas, onde belos homens, também presentes, a cortejavam e admiravam. Desiludida, achou melhor enfrentar a vida que lhe era oferecida, pois se sentia só e abandonada. Não acreditava que Alonso voltaria para ela ou que era fiel ao seu compromisso de amor. Então, sempre bem vestida, saiu uma, duas, muitas noites em jantares com os amigos, aceitando, vez em vez, os olhares destinados a ela de um homem recém-chegado Normandia. Juntou-se a ele e a conversa rolou entre eles alegre e despretensiosa.

Quando em casa, olhava tristemente para sua figura no espelho e chorava. Alonso não mandava notícias. Então, dias depois, tendo nas mãos a possibilidade de trair Don Alonso, resolveu aceitar o encontro com o novo amigo, também espanhol, Don Alvarez, quando Flora trouxe-lhe às mãos uma carta do noivo:

"Minha adorada Lucile.

Tenho em mente, todos os dias e em todos os momentos, vossa presença divina, a caminhar para mim sorrindo-me. Ah, como vos amo! E esse amor, tão esperançoso, pois sei que em breve estarei aí para abraçar-vos, deixa meu coração repleto de alegria. Nada me fará mais feliz do que vos ver casada comigo e poder admirar-vos todos os dias sabendo que sereis somente minha até o final de nossas vidas. Minha alma é repleta de doçura, que jamais colocarei aos pés de outra mulher, porque somente vós sereis digna deste amor tão grande, que me

Paixão e Destino   97

abate o coração, e me faz repetir vosso nome sempre antes de adormecer, como se já estivésseis ao meu lado.

Em breve estarei amando-vos perante Deus e os homens. Já aluguei um escritório de advocacia aqui em Madrid e consegui alguns processos. Para quem está já há alguns meses nesta cidade, tudo se torna mais fácil. Consegui bela morada para vivermos com nossos meninos, que são para mim também meus. Chegarei em breve, aguardai-me, "futura esposa do marquês de La Torre".

Amando-vos sempre

Alonso Ferdinando."

Lucile beijou a carta inúmeras vezes e aquele ciúme doentio apagou-se de sua alma.

Don Alvarez, este cavalheiro que lhe fizera a corte em uma das festas na casa de Ernest, visitava-a frequentemente levando-lhe flores. Naquela tarde, aguardava na entrada do castelo esperando que ela descesse para sair com ele, quando Flora foi avisá-lo que sua ama não desejava mais sair e lhe entregava um bilhete selado a timbre.

Dizia o bilhete que Lucile pedia-lhe desculpas, visto estar comprometida com Don Ferdinando e que não ficaria bem sair a sós com ele. Que ele a compreendesse e esperava nunca mais vê-lo.

Don Alvarez saiu embravecido e pensativo no que iria fazer dali por diante em relação a este fato.

Depois de receber a carta de Alonso, passou a senhora dizer à Flora que não atendesse e nem fizesse entrar o espanhol que tanto lhe trazia mimos, avisando-o que estava em um momento resfriada, em outro com dor de cabeça, em outro cuidando dos filhinhos, assim que, sendo ávido e inteligente, Don Alvarez não mais chegou ao castelo, aguardando encontrá-la em festas de amigos para então procurar descobrir a verdade sobre o porquê de sua mudança repentina.

Alfredo, com o afastamento de Alonso, também deixara a casa mais tranquila, pois vira a mulher distrair-se em festas e com outro homem e já não temia mais pelo juramento que Alonso fizera a ele na hora de sua "pretensa" morte.

Assim, na chegada do marquês espanhol, tudo continuou como antes da viagem. Lucile abraçou ternamente o futuro esposo e ambos começaram a fazer os planos para o casamento próximo. No entanto estarem se amando, Don Ferdinando honrava e respeitava de fato a mulher de sua vida, não indo além de um beijo nos seus arroubos apaixonados, e este fato a deixava irritada. Estaria ele a amando realmente?

– Então, meu amor, o que fizestes todo este mês em que estive fora? – perguntou o espanhol a ela.

– Ora, se quereis mesmo saber, no princípio fiquei

Paixão e Destino   99

preocupada que não mais me amavas, então... perdoai-me o fato, Alonso, mas aceitei o convite de Marilia para visitá-la.

– Mas o que tem isso de mais? Por ventura sois prisioneira neste castelo? Fizestes bem.

– E depois...

– E depois?

.   – Bem, depois comecei aceitar...

Lucile não tinha coragem de explanar para aquele belo homem a quem amava e que a seduzira com sua maneira de ser, das suas saídas a festas com os amigos de Alfredo enquanto ele viajava, e que fizera isso pelos ciúmes de sua alma feminina; não poderia dizer-lhe, porque ele não aceitaria este fato. Tentava então esconder, afinal, quem contaria a ele? Os empregados não comentavam nada com os donos da casa e os amigos... bem, os amigos, estes também não teriam nada de mais a falar a ele, porque enfim, nada ela fizera de mal, apesar de ter quase caído em tentação. Tudo não passou de um beijo e alguns abraços com Don Alvarez, também espanhol, mas de Sevilha. Então omitiu este fato, pois a prejudicaria de tal forma, que sua vida poderia ser destruída. Depois tinha outro motivo que a salvaria, iria conhecer a Espanha em breve e, quem sabe, moraria lá? Fora o que dissera um dia Alonso a ela. Procuraria, mesmo assim, evitar as amizades que a levaram a "viver" um pouco escandalosamente sua vida com alegria, músicas, danças e realizações felizes, mas realmente vazias, pois o amor está longe de vibrações deste tipo.

– Não completastes a frase, querida – falou ele virando o rosto com um sorriso de desconfiança. – Estáveis dizendo "e depois comecei a aceitar..." o quê? O que aceitastes?

– Bem, aceitei... que minhas amigas também viessem me fazer companhia – respondeu ela com imaginação fértil.

Alonso abraçou a noiva elevando-a do solo e, rindo muito, comentou:

– Oh, minha querida, então esperastes confiante em meu amor? Sabíeis que nada vos levaria a desconfiar do que sinto por vós. Vinde, vamos nos enlevar com a boa música que tão bem sabeis tocar no piano, e vos acompanharei no violino. Façamos um recital antes do jantar ou mesmo depois dele e convidemos os...

– Não! – fortemente afirmou Lucile temerosa, mas recompondo-se, pediu desculpas e, carinhosamente, disse ao homem que amava:

– Não convidemos ninguém. Estaremos bem sozinhos. Afinal, eu estava com muitas saudades – falou abraçando o noivo.

– Mas por quê? Não, minha querida. É melhor que amigos estejam por perto, afinal, estava muito saudoso de vós e acho que com, os amigos por perto, manteremos

Paixão e Destino　　　　　　101

menos aproximação entre ambos. Peço-vos que compreendais que isso se faz necessário. Amo-vos tanto e desejo imensamente que me ameis por vos respeitar até a hora de nossa união, que será realizada com as bênçãos celestiais.

Lucile baixou a cabeça um pouco desiludida.

– E... quem convidareis? – perguntou ela, temerosa e pálida.

– Bem, vejamos: poderemos convidar Else e Frederik, Simoní e Ernest, Adriane e Nestor, e como Frants viaja com a esposa, somente Henri com seu amigo Don Alvarez, que não conheço. Assim, faremos a recepção e já anunciaremos nosso casamento para o mês de agosto.

Lucile parecia que iria desmaiar. Tudo girava à sua volta. Caiu nos braços do noivo, que a pegou no colo e deitou-a em um divã e, quando ela voltou a si, ele perguntou:

– Então, meu amor, o que há convosco? Foi emoção em me ver?

– Perdoai-me – falou ela abrindo os olhos –, mas hoje estou muito cansada e a emoção levou-me ao desmaio. Estava tão saudosa, Alonso, tão saudosa! Um mês, neste castelo, já é muito tempo para quem nada faz e somente fica a pensar em seu amor. E ficastes tantos meses...

– Acredito, e gostaria que me perdoasses pela minha

102 *Paixão e Destino*

demora, mas eu desejei mesmo esta distância para ter a certeza de vosso amor por mim ou se desejáveis outra pessoa em vossa vida. Mas agora vos peço que vos levanteis deste divã para ficardes bem bonita. Quero exibir a minha futura esposa aos olhos de minhas amizades.

– Creio que não poderei...

– Mas sei que gostareis de que anunciemos o nosso casamento nesta "petit" reunião de nobres cavalheiros franceses, espanhóis e britânicos.

Don Alonso, vendo a noiva levantar-se, saiu e foi chamar o mordomo para os preparativos da noite, enquanto o cocheiro, resoluto na entrega dos poucos convites feitos à mão pelo marquês, saía à cavalo galopando a toda pressa, a cumprir sua missão do dia.

Na Espanha, alguns anos antes.

Don Alonso voltara a Madrid para rever os poucos parentes que lhe restaram. Estivera lá em viagens anteriores, mas não vira quase ninguém conhecido, muito menos o tio, que esperava encontrar na sua residência. Agora chegara escrupuloso e sedento de revê-lo e estar com ele, para saber de toda a verdade sobre a desdita do que lhe acontecera na infância. Saber o que havia partido o coração do pai, fato que roubara sua alegria ainda menino. Precisava estar ciente da verdade sobre os acontecimentos daquela noite, quando o vira tirar a

Paixão e Destino 103

própria vida, causa que o havia marcado como ferro em brasa, direcionando a cicatriz para o próprio coração em uma ferida mal fechada e que talvez reabrisse quando satisfeito pelo desfecho da verdadeira história sobre sua família.

Ainda estudante na Normandia, esforçara-se, recebendo um prêmio por um trabalho de arte executado e isto o levara à Espanha, podendo satisfazer seu imenso desejo de ir até lá para encontrar seu velho tio e ficar ciente sobre a verdade e os acontecimentos terríveis daquela época. No entanto, não o encontrara e tudo o que ouvira foram boatos, e boatos de outras pessoas que não o levaram a nada. Agora teria tempo para procurá-lo e dele ouviria a verdade sobre o passado.

A primeira coisa que fez quando aportou no Porto da Espanha, foi apanhar um coche e partir para a cidade de sua infância, Sevilha, local que conhecera como berço da civilização, pois em tempos de criança, seu mundo era aquele, não existia outro, onde sua família, ele, sua mãe e seu pai, residiam.

Ainda se lembrava do castelo onde morava e de suas redondezas vazias, onde se criavam cabras naquela terra pedregosa.

Partindo em busca da casa paterna, avistou-a ao longe e foi chegando lentamente até descer do coche e bater na grande porta com a bengala que usava. Um homem calvo, que caminhava lentamente, abriu-a.

Ferdinando olhou em volta. Já não era mais o mesmo local de sua meninice porque já não sentia a vibração da felicidade, mas somente imensa tristeza pairando no ar.

– Por favor – perguntou ele ao ancião que o olhava sério –, quem está morando aqui?

– A quem devo anunciar a Don Francesco Muños?

– Ora, que surpresa! Eu não tinha a intenção de rever aqui, neste local, meu próprio tio.

– Vosso tio? Quem sois, senhor? Como vos chamais?

– Deveis anunciar por Don Alonso Ferdinando, marquês de La Torre.

– Oh, sois então o menino Alonso... Jamais pensei pudesse ver-vos novamente. Estais vivo, com a graça de Deus! Tão crescido! É muita felicidade para mim, senhor!

– Bem, sou eu mesmo, ainda que não seja mais um menino, tenho lá meus trinta e um anos. E vós?

– Fui vosso mordomo, o Antonio, lembrai-vos, senhor? Éreis tão pequeno... Não deveis lembrar de mim, mas entrai, senhor, vos anunciarei a vosso tio. Ele ficará satisfeitíssimo ao revê-lo. Mas por onde andastes todos estes anos?

Don Ferdinando, queixo elevado demonstrando o orgulho de seu sangue azul, com o olhar profundo e sério, nada comentou com o serviçal. Jamais trataria com ele

Paixão e Destino

seus assuntos pessoais e suas desditas, mesmo se o mesmo já estivesse ciente por outras pessoas. Retirou a cartola, entregou-a ao mordomo e adentrou no grande hall enquanto era anunciado. De onde estava ouviu uma voz alegre e forte como um grito:

– Como, Alonso aqui?

A seu ver teria sido o tio quem levara o irmão ao suicídio, mas jamais tivera certeza deste fato e seria esta sua missão agora, naquele local. Pensava, naquele momento, como as coisas que tanto desejamos são atraídas diretamente para nós, ainda que tardias. Não imaginava encontrar logo quem mais precisava ver, lá no castelo de sua meninice.

Don Francesco de Muños, um senhor calvo e baixo, desceu as escadarias em busca do sobrinho, abraçando-o carinhosamente. Ostentando um robe de cetim bordô e um charuto entre os dedos, com um extenso bigode fazendo curvas nas laterais, marcava ele seu sangue mourisco e cigano com aqueles profundos olhos negros que manifestavam imensa perturbação.

– Mas... o que fazeis aqui, meu filho? Onde estivestes por todos estes anos? Preocupei-me por vós, e, como podeis ver em meus olhos, estou totalmente perplexo perante vossa presença neste castelo! Mas entrai, vinde a fumar um charuto comigo, que, pelo que vejo, já sois crescido até um pouco demais para que dele façais uso; vinde, sentemos ali em meu... em nosso gabinete –

remendou a maneira de falar por ver a dor e a tristeza que o olhar de Ferdinando trazia ao ver aqueles cômodos.

Alonso adentrou no cálido espaço que tantas lembranças traziam a ele; seu pai lendo, sua mãe bordando mínimos pontos de cruz e ele brincando com seus carrinhos de madeira, à frente daquela larga e tão alta lareira, que se permitia ficar ereto dentro dela; tudo ainda estava igual. A saudade do lar amado o fez derramar uma lágrima. Então, em sua cabeça passou um pensamento profundo e nocivo, como nociva estava sendo toda a sua vida, através da alavanca negativa que o empurrava a vencer e retomar o que lhe haviam roubado, em outras palavras, a vingar-se.

– Sentai-vos aqui, meu menino – falou o tio. – Contai-me, o que vos trouxe a este local novamente?

– O que me trouxe? E se eu disser que quero retomar tudo o que perdemos?

O tio, senhor de idade madura, cabelos embranquecidos pelo tempo e barba rala, mas também esmaecida pela idade, reposicionou-se na poltrona onde sentava. Coçando o bigode e baixando o olhar até as brasas da lareira, comentou:

– Sabeis, meu filho? Eu diria que teríeis razão para isso, pois que em vosso lugar, eu também o faria.

– Se pensais assim, meu tio, então...

Don Francesco interrompeu-o perguntando:

Paixão e Destino   107

– Tomai um xerez?

– Sim, faço gosto. E quem mora aqui convosco? Por ventura tenho agora uma tia? Casastes, meu tio? Tendes filhos?

– Oh, não! não me casei novamente. Tenho sim uma bela filha, que não conheceis. Tão bela, que já tive problemas em fazê-la casar-se. Todos a cortejavam, inúmeros rapazes a reclamavam. Como sabeis, minha esposa me abandonou quando ainda era jovem e eu fiquei a tomar conta desta filha com uma ou outra ama seca até que ela tivesse a idade de estudar. Então mandei-a a Paris para lá ser educada.

– Pelo que me parece, estais triste por tê-la casado.

– Oh, não, filho. Casei-a bem, muito bem, com um conde. Sempre quis dar a ela tudo o que sempre desejei, e fazê-la esposar alguém jovem, bom homem e com muitos bens, foi para mim um universo de alegrias, ainda que tenha saudades imensas dela.

Seus olhos se encheram de lágrimas e Don Francesco continuou:

– Este castelo, que foi vosso, meu filho, me foi doado pelo esposo de minha filha, penalizado que foi por saber-me derrotado pela vida.

Alonso colocou uma interrogação em seu olhar, franziu a testa, levantou-se da poltrona de veludo onde estava sentado e começou a bebericar seu xerez, andando

108 *Paixão e Destino*

pelo ambiente. Seus pensamentos fervilhantes latejavam em sua cabeça. Então, quem ficara com o castelo de seus pais não fora o próprio tio, mas outro personagem. Quem? Quem? Precisaria ter cérebro frio para fazer esta pergunta ao tio, mas deveria ter cuidado, porque se tratando agora do marido de sua filha, estaria pisando em ovos e poderia pôr tudo a perder; então, sorrindo, falou:

– Veja só como esta vida é engraçada. No fim, este local não pode ser nem meu nem vosso, e tampouco de vossa filha... Como a chamais?

– Chamo-a pelo apelido de Lulu, a minha querida princesinha.

– E como poderei chamar eu a minha querida prima?

– Oh, meu filho, podereis chamá-la por Lucile. Pena não a terdes conhecido. Quem sabe um dia?

Alonso tomou um choque. Não, não poderia ser a mesma pessoa, isso seria um engodo e muita coincidência. Casada com um bom conde e chamada Lucile? Sua garganta ressecou e ele elevou o cálice em sua mão colocando todo o conteúdo de uma vez goela a baixo. Logo procurou distrair-se com outra coisa. Não poderia ser a mesma pessoa que amava.

– Mas sentai-vos, meu filho. Vinde, vou contar a minha história e como Lucile nasceu.

Don Alonso Ferdinando, o orgulhoso marquês que

Paixão e Destino

109

voltara à Espanha para retomar seus pertences e descobrir os donos do castelo que sempre sonhara em reaver, tivera a sorte extrema de ter encontrado lá o tio, o homem que procurava. Agora saberia da verdade e o que fizera sua família cair na ruína.

– Contai-me, tio, estou ouvindo com atenção:

– Bem, na realidade, todos estes fatos me fazem relembrar o grande amor que me aconteceu quando conheci Florence, um dia que fui a Paris. Uma noite, no bairro de Montmatre, entrei em um bar. Lá estava ela cantando; apaixonei-me por ela e pedi-a em casamento com a esperança de depois voltar para a Espanha, onde morava, como sabeis, meu filho. No entanto, Florence não poderia sair de Paris pelo fato de sua mãe estar doente. Não a deixaria abandonada. Permaneci, então, lá até acabar com minha fortuna. Antes tivemos uma filha, esta filha que é todo meu arrimo. Florence deixou-me com minha filha, com a desculpa de ter de sobreviver, voltando aos bares e às noites parisienses. Este fato despertou em mim imensos ciúmes. Desesperado, enlouquecido e sem fortuna, para não destruí-la ou não tirar minha vida, pois minha Lulu não tinha culpa de ter nascido, voltei para a Espanha e tratei de restabelecer-me financeiramente com o objetivo de dar à minha filha uma bela educação. Conheci, então, o nobre que me ofereceu trabalho, contanto que pudesse vê-la casada com seu filho conde, o atual esposo de Lucile. Mas jamais fiquei sabendo por que aquele homem fez tanta questão de casá-la com seu filho. Ela se parece com vossa mãe, sabeis disso?

Ferdinando jamais teria percebido essa semelhança, se não fora dita pelo homem com quem conversava. Sim, Lucile era linda, somente a cor de seus cabelos e o jeito com que os arrumava não o permitiram classificar aquela parecença. Don Muños continuou:

– Mandei-a para um convento na França até ela completar dezessete anos, quando a entreguei ao conde, aquele escolhido pelo próprio pai e por mim. Foi um casamento arranjado, mas fiquei feliz porque pude manter minha palavra. Lucile gostou dele desde os primeiros dias. Os Salvaterres são... Mas o que tendes, meu filho? Estais pálido, pareceis doente. Por que deixastes cair vosso cálice? Vinde, meu filho, deitai-vos aqui neste divã.

A cabeça de Alonso rodava. Um imenso arrepio lhe varou a alma e ele tonteou. Então, o seu melhor amigo e colega de faculdade era o filho do mesmo conde que destruíra seu próprio pai? E Lucile, a mulher por quem estava completamente apaixonado e capaz de tudo fazer para obtê-la, seria mesmo sua prima? Como isso fora acontecer?

– Estais melhor agora que vos coloquei esta toalha molhada na cabeça, filho? – perguntou Don Francesco.

No entanto, Don Alonso nada respondia. Não tinha capacidade de coordenar as idéias. Teria que pensar com

Paixão e Destino 111

tranquilidade, teria que raciocinar. Jamais poderia ter imaginado que Lucile fosse sua própria prima. Levantando-se lentamente, Don Alonso assumiu seu porte altivo e falou:

– Perdoai-me, meu tio. Estou imensamente feliz por ter vos encontrado, mas sim, tive um mal súbito, uma tontura. Preciso ir-me agora, no entanto, insisto em saber mais uma coisa. Por que meu pai, vosso cunhado, morreu?

– Quem sabe falaremos sobre isso amanhã já que precisais sair? Fareis este velho muito feliz se voltardes. Mas, pelos deuses! Madrid é tão distante, por que não ficais aqui no castelo? Podereis relembrar os momentos de vossa meninice.

– Obrigado, mas peço-vos licença para retirar-me. Realmente, não me sinto bem. Agora vos peço vossa bênção.

– Ah, mas antes de irdes, quero dizer que vos procurei por toda a Madrid para vos educar como Lucile foi educada. Depois, tencionava retirá-la do convento onde estudava e mantê-los aqui. Porém, não mais vos encontrei. Sofri muito com vosso desaparecimento, meu filho. Que bom que vos encontreis aqui novamente. Faço questão que permaneçais aqui comigo agora que chegastes, e, se por ventura vossos afazeres não vos permitir ficardes, peço-vos que na França procureis por Lucile. E que, pelo menos volteis sempre. Mas o que mesmo fazeis? Que profissão tendes?

112 *Paixão e Destino*

– Faço direito na França.

– Sois, então, um advogado?

– Ainda não, porém vos prometo, assim que me formar e tiver alguns clientes, retornarei a Madrid para abrir meu escritório. Sonho com isso há anos.

– E morareis comigo. Ficarei muito feliz, filho, pois vivo muito solitário. Depois do casamento não mais vi Lucile. Ela nem sabe como estou. Claro, não tem amor por mim, ficou reclusa tanto tempo sendo educada... Para ela sou apenas seu tutor.

– Este homem, Salvaterres, o velho, ainda vive?

– Não. O conde, o esposo de Lucile, é o seu sucessor. Estou morando aqui porque penso, não tenho certeza disso, penso que ele soube que este castelo pertenceu a alguém da minha família. Sim, porque é muita coincidência, não é, filho? Vedes por que não deveremos querer pedir justiça? Agora vos apercebeis por que fiquei sempre aquém de desejar algum mal a ele? Talvez o velho quisesse reparar seu erro do passado, talvez nem soubesse de nada. Além do mais, já estou com certa idade e ninguém leva nada desta vida. Devemos perdoar as pessoas sempre nesta vida, não é?

– Já que voltamos a este assunto, dizei-me agora, meu tio, como meu pai perdeu tudo? A Normandia é distante e, como disse, não voltarei aqui tão cedo.

– Bem, então nos sentemos novamente. Isso foi um

Paixão e Destino   113

caso de jogo, meu filho. Ah... o jogo, às vezes, leva a pessoa a perder o que tem.

– Bem, então voltarei na semana que entra. Por hoje ainda não me recuperei da tontura e preciso ainda fazer algumas coisas na cidade.

– Voltai, meu filho, voltai. Fiquei radiante com vossa visita.

Don Alonso pegou seu coche e partiu rumo à cidade, com a cabeça fervendo e os pensamentos em desordem. Não tinha mais condições de continuar aquela conversa depois do que ouvira. Agora sabia da verdade e o responsável pela desgraça de sua família. Mas não deixaria por menos. Pensaria em uma revanche.

Assim, tudo chegava às suas mãos como desejava.

Lucile era sua prima, talvez por este motivo se afeiçoara tanto a ela. Salvaterres era duplamente inimigo, assim teria que enxergá-lo. Mesmo não sendo ele o culpado da desgraça de sua vida, não poderia vingar sua desdita com um morto, mas com alguém que lhe tinha o mesmo sangue e lhe carregava o mesmo nome. Teria de conseguir quem pudesse acabar com a vida do homem que lhe dava a mão, que lhe tinha sido um verdadeiro amigo, mas cuja filiação não perdoaria jamais.

Por diversas vezes, a ânsia de esquecer tudo lhe vinha à mente, mas amava aquela mulher e, mesmo que tivesse de esquecer o passado, não deixaria de pensar na

114 *Paixão e Destino*

viuvez da mulher amada, o que acarretaria em sua própria felicidade.

Alonso ficou em Madrid por aquela semana, colocando os pensamentos em ordem, imaginando como a vida soubera juntar as partes, isto é, o vilão com o prejudicado, a mulher amada entre os dois inimigos. O primeiro passo seria a conquista da esposa de seu adversário.

No castelo da infância, novamente, ele teve acesso às memórias retrógradas e escondidas entre as paredes do passado. O velho tio não soube lhe esclarecer muito mais do que ele, Alonso, sabia, a não ser que seu pai voltara uma noite de Madrid totalmente falido. Talvez por não querer desprestigiar seu genro, talvez por outro motivo.

Alonso resolvera pernoitar no castelo a convite de Don Francesco e permaneceu no gabinete enquanto o velho despedia-se dele desejando-lhe uma boa noite.

Olhando o braseiro, displicentemente sentado com os pés avançados perto às brasas, Alonso remexia o copo de conhaque em suas mãos. Desejava saber mais. Por que o tio estava escondendo a verdadeira história?

Nisso entrou Antonio, o mordomo.

– Desejais mais alguma coisa, senhor?

– Não, obrigado. Mas dizei-me, Antonio. Se vós permanecestes com minha família durante o tempo em

Paixão e Destino 115

que eu ainda tinha oito anos, podeis vos lembrar da tragédia que nos abalou?

– Bem, não sei se teria permissão de meu senhor para falar.

– Lembrai que seu primeiro senhor foi o marquês, meu pai. Portanto, a mim, que sou seu filho, sim, não devereis iludir com pretextos. Sentai-vos aqui comigo. Tomai um pouco de conhaque, vinde.

Alonso levantou-se e serviu conhaque para o velho mordomo, que sentou-se à sua frente.

Antonio engoliu de uma só vez o conteúdo do copo, como para ter coragem no que iria dizer e aguardou o conhaque lhe subir um pouco. Alonso serviu-lhe mais uma vez. Novamente o mordomo esvaziou o copo.

– O que tendes, amigo? Isto é para encorajar-vos a descrever o passado. Então, sabeis demais. E eu quero estar ciente de todos os detalhes, os mínimos detalhes. É-me importante, Antonio. Vamos, falai; eu, agora, como sobrinho desta casa, vos ordeno!

Antonio, gaguejando, disse:

– Aconteça o que acontecer, sim, vou contar a vós, meu menino. Aliás, pensei por muitos anos ter essa oportunidade que agora chegou. Só me falta um pouco de coragem – e, serrando um pouco os olhos, elevando a cabeça ao teto, como se quisesse voltar ao passado mentalmente, ele iniciou a contar os fatos marcantes da época:

116 *Paixão e Destino*

– O que sei é que, naquela noite, vosso pai meteu-se em uma rodada de cartas com um atrevido conde que o desrespeitara chamando-o de covarde por ele não querer continuar o jogo, pois perdia muito. Desta forma, estimulava-o a seguir adiante, fazendo-o perder primeiro o dinheiro que carregava consigo, depois os terrenos, e, por último, vossas propriedades. Mais tarde, na mesma noite, por outro motivo, que não esse, aquele conde começou a comentar coisas de sua vida íntima com vosso pai, como se estivesse convivendo no dia-a-dia com ele e sua esposa. Humilhou-o falando da bela mulher que agora conviveria com um marido tão inútil e pobre, um marquês sem um tostão, o que o enfureceu e o fez prosseguir na bebida e na jogatina. Mas o conde estava com grande sorte naquela noite, e quando o marquês voltou para casa, em falência, encaminhou-se até o gabinete, sentando-se em sua cadeira, deitando sua cabeça na mesa e soluçando desesperadamente. Eu havia lhe aberto a porta e assustei-me de vê-lo daquela forma. Cabelos em desalinho, rosto descorado e envelhecido pela dor, camisa entreaberta deixando o laço do colarinho cair no piso frio, ele contou-me tudo com todas as palavras e continuou o pranto. Por orgulho, continuara adiante. Bebera mais do que o normal e fora um imbecil no íntimo, cumprindo com o desejo do malvado homem que nada mais queria que destruí-lo. Enfim, o conde o fizera motivo de risos e chacota. Humilhado e acabrunhado, sentindo falsear o piso frio

Paixão e Destino 117

por onde andava, o velho marquês, sabendo-se arruinado, preocupava-se com o futuro de seu filho e de sua esposa.

– Como voltar atrás? – perguntou-me. – Por que tive esta fraqueza? Por que o orgulho não me fez parar com o jogo? Mas não, eu sempre achava que na próxima rodada sairia vitorioso. O que será de minha esposa e de meu filho? Oh, não poderei vê-los na lama.

– Não fiqueis desta forma, meu senhor – falei eu. – Tudo tem solução. Quem sabe, amanhã, depois de uma noite bem dormida, encontrareis a fórmula de uma saída?

Ele levantou os olhos para mim, e jamais pude esquecer aquele olhar tristonho. Respondeu:

– Sim, amanhã irei ter com o conde. Ele voltará atrás. Reaverei ao menos nosso castelo e pouco dos meus bens, mantendo-lhe um contrato para pagamento desta dívida do jogo. Obrigada, Antonio. Fostes agora um gentil cavalheiro para comigo.

No dia seguinte, mesmo sem ter conseguido adormecer, levei meu senhor, eu mesmo, para estar com o conde. Mas quando ele voltava descendo as escadarias daquele prédio onde o conde trabalhava, estava ainda mais preocupado.

– Então? – perguntei. – O senhor conseguiu abrandar a situação?

– Sabe o que me disse ele? Que me dá dez dias para resolver sair do castelo ou que me devolverá tudo em troca de minha bela esposa. Imbecil! Desonesto! Então fui ludibriado e levado a agir como um idiota porque era esse seu objetivo.

E continuou o mordomo para Don Alonso:

– Depois eu o trouxe ao castelo e vosso pai retirou-se sombrio. Assim permaneceu durante dias. Desaparecia pelos cantos da casa e saía a caminhar nos jardins à noite; fumava muitos charutos e começou a embebedar-se todas as noites como se aquilo lhe servisse de bênção ao esquecimento dos problemas. A semana passou rápida e o dia da entrega de seus bens junto ao advogado chegara. Sem saber o que comentar para a esposa, que estava nervosa e acabrunhada pela atitude e afastamento do marido, vosso pai deixou a casa para ir ao encontro do conde com o revólver no bolso do casaco. Estaria disposto a matá-lo, antes de tudo, porém o conde já estava lá com seu advogado, e o marquês não teve outro jeito do que entregar tudo de papel passado ao homem que o desgraçara. Antes de ele sair, porém, o conde Salvaterres perguntou a vosso pai:

– Então aqui estão os documentos de vossas posses, mas, como vos falei, eu posso tranquilamente rasgá-los se pensardes diferentemente. O que me dizeis?

O marquês, não aguentando a insolência do homem, atirou-se sobre ele esbofeteando-o e deixou-o caído ao solo. Naquele momento, voltou cabisbaixo para casa. Pensou em vós, meu rapaz, assim como falou a

Paixão e Destino   119

mim que se preocupava com sua esposa, vossa mãe. Escreveu então uma carta ao conde, relatando algo que jamais saberemos.

Naquela noite, ele subiu e foi tomar seu chá no dormitório de vossa mãe. Os dois ficaram muitas horas conversando. Quando ele desceu novamente, chamou-me contando-me que viajaria e deixaria uma correspondência para ser entregue à esposa assim que ela acordasse no dia seguinte. Era esta carta que ela deveria entregar ao conde. Sentara aqui no gabinete, assim como estamos agora, à frente da lareira, fumando seus charutos. Pediu-me para sentar-me com ele, como agora estou, e relatou-me que deveria ter matado aquele homem, mas de que adiantaria permanecer prisioneiro se também perderia tudo, inclusive o respeito de sua família? Então falou-me que, se viajasse deixando a esposa e o filho, ela ainda teria a oportunidade de unir-se ao conde para ser feliz, quem sabe, já que ele , seu pai, nada mais poderia oferecer a ela. Falei-lhe que sua esposa o amava com todo o coração e que jamais faria isso, mas ele concluiu que quando as coisas chegam a um extremo, às vezes temos de tomar caminhos e talvez não sejam os mais desejáveis para nossa sobrevivência.

Naquela noite, vosso pai, o marquês de La Torre, suicidou-se. A carta que ele também escrevera, dirigida à vossa mãe, pedia que ela chamasse o conde e o fizesse ler aquela dirigida a ele em sua presença. Porém, desesperada, a senhora Maria Helena Ferdinando abriu-

120 *Paixão e Destino*

a sem chamar o conde, leu-a, rasgou-a, colocando-a no fogo. Depois, sem derramar suas lágrimas, muito altiva, subiu lentamente as escadarias e entregou-se a chamar a morte. Não mais comeu ou quis aceitar nada de mim e já sabeis o que aconteceu com ela.

Quando essa desgraça aconteceu, tratei de arrumar um lar para vós mandando avisar vosso tio que ainda estava na França, pois os novos patrões se estabeleceram muito rapidamente aqui, contudo, quando vistes que vossa mãe se fora, fugistes de nós e por mais que vosso tio vos procurasse não vos encontrou.

– E como viestes para cá novamente?

– Vosso tio, depois da desgraça, apanhou a mim e a vossa ama para fazer companhia a ele e, mais tarde, voltamos a este lar que jamais esqueci. Bem, agora sabeis da verdade. As paredes ainda trazem sofrimento, não percebeis? São as tristes lembranças que parecem que destas paredes não se foram.

– Sim, sinto também isso – falou Alonso.

Alonso, por todo o tempo que o mordomo estava a lhe contar o passado, não se sentou uma vez só. Caminhava pela ampla sala de um lado ao outro. E o ódio retornou pesado e firme. No dia seguinte, disse adeus ao tio e a Antonio e voltou à Normandia, quando tratou de memorizar um crime perfeito. Antes, porém, teria de

Paixão e Destino 121

se formar e ter o documento, que confirmava ser ele um advogado, em suas mãos. Esqueceu, por hora, o passado, até o momento preciso.

Suspirando, com leves percalços de tristeza, anos depois retornava a Madrid, com o pensamento fixo tão ansioso e antigo no que deveria realizar. Com sangue frio, tratou de encontrar, entre os ciganos, alguém que fosse extremamente ambicioso para receber grata quantia em troca de um grave favor e que não tivesse família, caso lhe revertesse a situação. Contratou um homem sem nome nem família, oferecendo a ele muitas pesetas naquele momento e prometendo o dobro depois do acontecido. Não se sentia corretamente bem com esta determinação, mas sua educação e seu orgulho ferido pela dor do passado resolveram desta forma a questão. Seria esse o único procedimento para que se solucionassem os fatos conforme desejava ele, mesmo sentindo dentro de si o despertar de um "não" de sua consciência, porque pelo admirável amigo que Alfredo fora até então, esta seria a maior das traições.

Aprendera na faculdade a ser íntegro, probo e consciente quanto ao valor das amizades. No entanto, este era um caso determinado mentalmente e, como se fora um trabalho importante a executar, ele não deveria ouvir o que seu coração clamava.

O cigano, cujo nome Alonso não quis saber, recebeu o valor, decorando o endereço e a data em que deveria praticar o ato hediondo. Não revelara seu nome. Com olhos vivos e inescrupulosos, o assassino sorriu mostrando sua boca quase sem dentes:

– Sei, sei. Se eu não for, eu não receberei as outras pesetas, mas poderei fugir também com este dinheiro e não vos ver mais. Não sou um assassino.

– Bem, isso é um risco que terei de correr, mas como entendo vossa ganância, sei que fareis o que vos peço. No momento que eu estiver saindo com o cavalheiro, cujo retrato vos mostro agora, perto do único carvalho que há, eu vos farei um sinal com o lenço que usarei no pescoço e que tirarei para enxugar o meu suor, pois sei que meus nervos não são de ferro.

– Posso ficar com a pintura da face do "malfeitor"?

– Em primeiro lugar, ele não é um malfeitor e não podeis ficar com a pintura de sua face.

– Não entendo, então, por que quereis...

– Bem, isso é um problema meu. Deixarei por escrito somente a data da ocorrência. Aquele homem difere dos outros companheiros pelo seu porte baixo.

Alonso sentiu um aperto no peito como se precisasse reprimir imediatamente a autorização dada, mas suspirou profundamente e, influenciado por obsessores de Alfredo, deixou que suas palavras de reprovação por seu ato ficassem somente em sua mente.

Paixão e Destino 123

– E depois que isso eu concluir, como vou confiar que me dareis o resto do valor? – perguntou o cigano.

– Porque sei que se eu não vos pagar, voltareis lá novamente para pegar a mim, apesar de que vos digo que não vivo naquele local, mas sei que fareis isso.

– Isso tudo é uma revanche? Ou... um ciúme doentio?

– Esta é uma questão que não precisareis saber.

– Vejo por que estais a esconder vossa face atrás deste lenço. Vossos olhos, no entanto, eu vos reconheceria de longe.

– Sim, sei que sois astuto como uma raposa. Por isso vos contrato agora.

E assim, Alonso deixou o cigano, que tratou de rememorar as feições do homem que teria de capturar.

✳ ✳ ✳

Ainda hoje, a tristeza se abate no espírito daquele pobre homem, Alonso Ferdinando, marquês de La Torre, que não percebeu a gravidade do crime que cometeria e da grande dívida, não só comigo, Alfredo, prejudicando a vida de meus filhos e a da pobre Lucile, que teve poucos momentos de verdadeira felicidade a seu lado, um pouco pelos acessos de ciúmes que eu tivera por não entender a imortalidade da alma, e outro tanto pela consciência do amigo que me abandonara à solidão de expectro vingativo até uma certa data, como também com o pobre cigano.

Todos nós trazemos conosco uma chama que nos indica a porta correta para a luz e que, se não queremos segui-la, nos entranhamos em caminhos perigosos que poderão transformar em dor e sofrimento, tanto nossos momentos atuais como os do futuro. Esta chama é a nossa própria consciência; o maior juiz que todos temos, a nos culpar e nos julgar severamente, e que um dia, quando despertarmos para os novos conhecimentos sobre a imortalidade da alma e o importante objetivo da vida que é nosso aprimoramento espiritual, nós acalentaremos como sendo nossa melhor amiga a seguir nossos passos, dar-nos conselhos e assegurar-nos o caminho da nossa felicidade.

Na viagem que fizera agora, Alonso, sabendo da morte do atirador, o cigano, fora exclusivamente à Espanha para preparar sua nova vida. No entanto, o receio de ter dois espectros que o torturariam pela vida a fora lhe traziam grande amargura. O fato de ele haver devolvido a herança a Lucile o deixaria livre totalmente de desconfianças, porque o que ele desejava realmente era obter o castelo de seus pais, e este bem viria para ele com o casamento.

Capítulo VI

No plano espiritual

> *"Bem-aventurados os que choram porque serão consolados. Bem-aventurados os famintos e sequiosos de justiça porque serão saciados. Bem-aventurados os que sofrem perseguição pela justiça porque deles é o reino dos céus." (Mateus, 5:5, 6 e 10.)*
>
> *"Por essa ocasião, os discípulos se aproximaram de Jesus e lhe perguntaram: "Quem é o maior no reino dos céus?" – Jesus chamando a si um menino, o colocou no meio deles e respondeu: "Digo-vos em verdade, que, se não vos converterdes e vos tornardes quais crianças, não entrareis no reino dos céus. – Aquele , portanto, que se humilhar e se tornar pequeno como esta criança será o maior no reino dos céus – e aquele que recebe em meu nome a uma criança, tal qual como acabo de dizer, é a mim que recebe"*
>
> JESUS (*Mateus*, 18:1 a 5, *O Evangelho Segundo o Espiritismo*, cap. V, itens 1 e 2.).

Alfredo, que em volta do delegado procurava saber mais sobre o seu caso, foi puxado de onde estava com muita rapidez pelo pensamento de sua esposa. Assustado, pois este fato era realmente muito estranho e desconhecido a ele, aproximou-se de Lucile pelas suas vibrações de medo e depressão, sustentando na face o desprezo e o rancor. Reconhecendo a expressão feliz do agora adversário, notara que as saídas de Lucile em casa de amigos não fizeram ressoar em Alonso a mágoa nem o ciúme. Calmo, o antigo amigo preparava a festa para a apresentação da noiva, no entanto, o esposo sentia nela o desespero íntimo de ser traída pelo olhar do admirador que viria ao jantar.

– *Por que não contais a verdade para ele sobre aquele beijo de Don Alvarez, antes que ele descubra, Lucile? Certamente ele vos perdoará, porque vos ama... Sim, porque se a descoberta for através de outros, então, minha cara, estareis sacrificada* – falava ao ouvido de Lucile o esposo desencarnado.

Lucile imaginava que aquelas ideias que estava tendo não poderiam ser normais. E murmurava: "Jamais contarei algo a ele, pois isso seria a minha desgraça."

Mas Alfredo, totalmente tomado pelo ciúme da suposta traição da esposa com o homem que havia fingido ser seu melhor amigo, remoía-se de ódio e estava disposto a persegui-los até que se separassem totalmente. Permaneceria ao lado da mulher que pensara ter sido fiel a ele para mais tarde fazê-los sucumbir pelo seu próprio ato vergonhoso.

Paixão e Destino 127

A noite chegara e Lucile, temerosa, não saíra do quarto. Juntamente com o retrato do esposo nas mãos, pedia a ele que a auxiliasse a ter uma noite tranquila, para que seu futuro marido de nada desconfiasse de sua leviandade, quando ela pensara não ser mais amada por ele enquanto ele estava na Espanha.

Alfredo sorria e abraçava-a dizendo:

– *Veremos, minha "querida" aonde chegaremos nós. Me pagareis pelo ato monstruoso que foi a vossa traição perante meus próprios olhos. Não sou só eu quem sabe sobre a relação que tivestes com o novo companheiro de Ernest. Alguns amigos aqui me disseram a mesma coisa.*

Como se o estivesse ouvindo realmente, Lucile franziu a testa e respondeu:

– Jamais vos traí, meu amado esposo. Sempre vos fui fiel e somente agora descobri o amor de verdade. Amo! Amo! Não desejo perder este homem que me coroa a alma com pétalas de rosas perfumadas a me oferecer o próprio mundo repleto de glórias pelo fato de amar-me!

E respondendo atônito pelas suas palavras, o espectro reclamou:

– *Ora, mulher! Por acaso não vi quando vos beijastes e vos abraçastes assim que cheguei aqui?Não eram dois amigos que eu vi, eram dois pombinhos que voltavam a sós de Paris. Cheguei bem no momento em que acordava de um pesadelo de morte.Sabeis que ele já vos amava desde o dia que aqui adentrou? Mas acreditei em vós e em vosso amor.*

A reunião começara e Lucile, vestindo um traje cor marfim em seda e rendas, recebia os amigos com sorriso enorme nos lábios para não despertar suspeita de ninguém. Ela trazia na cabeça, circundando os cachos que rolavam até seus ombros, dois belos pentes espanhóis para agradar o homem que agora amava. Seu coração batia descompassado, mas seu sorriso continuava. Quase todos já estavam presentes e Alonso achou que o amigo Ernest não mais viria com Don Alvarez. Pensou ser estranho o amigo não ter avisado nada, mas, mesmo assim, procurou esperar por mais alguns minutos, convidando a todos para tomarem alguns aperitivos e fumarem um bom charuto antes mesmo do jantar.

As mulheres foram para um salão ao lado e os homens permaneceram no gabinete onde tantas noites Alfredo reunira aqueles amigos.

Else, em um momento, com avidez maldosa, perguntou a Lucile:

– Então, Lucile? Sentimos vossa ausência de um tempo para cá em nossos encontros. Sentimos que houve algo desagradável na última ocasião em que fostes na casa de Ernest. O que houve?

– Ora, estava me preparando para receber meu

Paixão e Destino 129

noivo. Sabeis, Else, que ele já alugou a nossa nova moradia na Espanha?

– Mas ireis deixar-nos, então? – falou Adriane.

– Bem, não deveria ser eu a vos contar. Deixemos isso para Alonso.

– Então o marquês vai casar convosco? – perguntou risonha Simoní. – Pelo fato de estardes indisposta com ele logo após a morte de vosso esposo, eu estava certíssima de que nada, nem amizade, havia entre vós, por esse motivo insistimos para comparecerdes às ceias que cada um de nós vos ofereceu – e, dando um sorrizinho enviesado, falou cochichando: – Sim, achei que estivésseis preparada para um novo amor.

– Don Alvarez vos ama, Lucile – falou Else continuando a abanar-se com o leque de plumas.

Lucile olhou para o grupo. Todas confirmaram com a cabeça. Lucile pensou desmaiar. Jamais teria um pensamento que suas amigas diriam isso a ela. Sim, todos haviam reparado em seus atrativos nas festas em que fora e que deixaram o novo amigo de Ernest encantado com ela.

– Lucile, afinal, não estamos vos recriminando. Até que isso chega a ser quase normal entre tantas francesas quando seus maridos viajam – falou Simoní rindo.

– Nada fiz para ser recriminada! – respondeu Lucile.

130   *Paixão e Destino*

– Sabemos que sois fiel a... bem, não o fostes com vosso esposo, não? Dizei-me, amiga, afinal estamos sós aqui, nenhum homem nos ouve. Também Don Alonso a muitas de nós deixou a ver "navios"... hum... – suspirou Else. Que homem! Deveis manter vossos olhos bem atentos, minha cara. Este homem é belo e atraente demais!

– Sempre fui fiel a Alfredo! – falou a dona da casa levantando-se incomodada.

Lucile achou que aquela conversa estava por demais ferina e decidiu conversar com seu noivo:

– Meu querido, por que não servimos? Acho que Ernest e Don... não me lembro o nome, não vêm.

– Esperemos então, mais dez minutos, está bem assim?

Mas de repente, adentraram os dois homens, pedindo desculpas pelo atrasado da hora.

Lucile ficou parada e muda, sem nada responder. Afinal nada havia acontecido – pensou ela – para ter tanta apreensão. Então tratou de receber sorridente os amigos que chegavam. Don Alvarez pegou-lhe a mão para cumprimentá-la e a apertou com força. Olhou-a bem nos olhos e seu olhar mostrava a ela toda a sua admiração. Lucile fez que não notou e pediu licença para estar com as outras senhoras novamente.

– Então? – disse Adriane –, chegou o vosso tão esperado convidado?

Paixão e Destino 131

– Mas que bobagem estais a dizer, minha amiga!

– Pode ser, porém, não diga que vosso coração não bateu mais forte neste momento – disse Else utilizando-se da maldade.

– Não sei por que seria...

– Minha querida, que fiqueis tranquila, porque de nossa boca nenhum comprometimento tereis. Só se for da boca das que..., pronunciou Else.

– O que quereis dizer? Terminai a frase minha "amiga" – franzindo a testa, Lucile perguntou.

– Desculpai-me, acho que eu iria falar demais.

– Podeis dizer, afinal, como dissestes há pouco, somos todas amigas de fato.

– Bem, todas nós sabemos que há meses, Don Alonso era o mais atraente homem deste local, e que muitas mulheres chegaram a... amá-lo.

– Está bem, está bem – disse Lucile, mas isso faz parte do passado, do nosso passado – repetiu. – Ainda que não tantos meses tenham corrido depois deste fato.

– Está bem. Peço que desculpeis a todas nós. Nada temos de nos referirmos a vós desta maneira , ainda mais colocando ciúme em vossa cabecinha sonhadora, bem no dia de vosso noivado.

– É, tendes razão, Else – disseram as outras senhoras sorrindo.

A ceia ocorreu normal, com os olhares profundos e firmes de Don Alvarez sobre a anfitriã, e os dispersos das outras senhoras, que faziam nada ver. Em um certo momento, Don Alonso, muito feliz, ergueu-se da cadeira com o cálice de vinho elevado:

– Meus amigos, eu tenho uma comunicação para fazer a todos vós. Vou casar-me com Lucile – e olhou para ela com felicidade no olhar. Brindemos!

Todos brindaram risonhos, somente Don Alvarez, estarrecido pelo choque que tivera e que não imaginava ouvir, pois pensara que aquele bilhete de Lucile fora somente para fazê-lo distanciar-se dela por um pouco, aguardou os brindes serem feitos e depois levantou-se. Todos o olharam surpresos e silenciaram. Então ele, caminhando em volta da mesa, elevou o cálice, sempre fixando a senhora anfitriã e expôs com sarcasmo:

– Eu, Don Alvarez, quero brindar vosso casamento, Don Alonso, com esta senhora que, com certeza... será sempre fiel a vós – e tragou de uma só vez o conteúdo de seu copo.

Alonso franziu a testa, mas achou que o rapaz estava bêbado e, sorrindo, expressou-se:

– Bebamos, amigos, que no mês que virá, eu e Lucile pertenceremos um ao outro. Neste momento, coloco este anel no dedo de minha noiva em sinal de nosso compromisso.

*Paixão e Destino*133

A manifestação do espanhol causou a todos grande entusiasmo, mesmo os que já aguardavam esta decisão pelo pedido do falecido, mas em Don Alonso fez morada uma dúvida, e em seu pensamento deu entrada o espectro de Alfredo, dizendo-lhe baixinho ao ouvido:

– *Também sereis traído, meu amigo, como eu o fui... ou já o fostes?*

Alonso ficou nervoso e um calor fez corar sua face. Todos repararam em sua expressão, inclusive Lucile que, preocupada, levantou-se afirmando:

– Brindo ao homem que amo e, com certeza, afirmarei este amor por toda a minha vida. Ao gentil e amado companheiro que terei, cujo coração jamais será traído! Eu vos amo, Don Alonso Ferdinando, marquês de La Torre.

Com este esfuziante brinde, Don Alvarez pediu licença e deixou o castelo. Nova incerteza bailou nos pensamentos de todos, que diziam a si mesmo que algo forte havia acontecido entre ele e a condessa Lucile, mas o noivo, sentindo aquele clima, tentou desfazer a dúvida elevando o cálice mais uma vez e sorrindo:

– Don Alvarez tinha uma tarefa a concluir, peço que perdoem esta saída brusca. Brindemos novamente a toda amizade verdadeira, meus queridos amigos. Muito vos agradeço por terdes vindo brindar meu noivado com esta mulher exemplar.

Depois da ceia, todos foram convidados para o salão de música, e se iniciou um recital. Mas a desconfiança se estabelecera no coração do espanhol, que errara pela paixão e vira que, amando aquela mulher como amava, jamais teria o conforto da paz a acompanhá-lo, apesar de saber ter ela sido fiel ao finado esposo.

Os dias transcorreram sem detalhes maiores, visto que Don Alonso trabalhava pelo retorno à Espanha, colocando em ordem todos os seus arquivos, deixando-os ao cuidado de extremo e fiel servidor, que de agora em diante se ocuparia da administração dos bens de Lucile.

Frio e distante, ele quase não via a noiva, que chorava e imaginava que ele se prendia ao trabalho propositadamente. Era nestes momentos que o espectro de Alfredo surgia para incitar a ela mais e mais dúvidas sobre o amor de seu noivo. As palavras das amigas lhe surgiam e vagavam também durante a noite em seus pensamentos. O ciúme incontido de Lucile não era desapercebido pelo homem que ela amava. No princípio, ele se felicitava pela resposta que tivera de alma a alma, mas, com o decorrer do tempo, as decisivas atenções exageradas que lhe eram cobradas, o preocupavam. Estaria ela temerosa, exigindo sua atenção por receio de desamor ou pelo que tivera feito em sua ausência com aquele amigo de Ernest? Estes pensamentos traziam outros pensamentos emitidos por Alfredo, que o torturavam.

Paixão e Destino 135

Sim, o despeito crescia cada vez mais no coração do marquês de La Torre. O que fazer? Duelar com Don Alvarez? Pedir-lhe informações a respeito da noiva? Não, não poderia agir desta forma medíocre, não um espanhol com sangue nobre a lhe percorrer nas veias. Jamais se rebaixaria a tanto esmiuçando seu doloroso sofrer a um outro cavalheiro espanhol. Mas teria de agir de outra forma, se não aquela. Tinha desejo de atirar-se aos braços da mulher amada, mas também de esbofeteá-la e fazê-la implorar por seu amor e seu perdão. Sim, algo havia de muito grave. Então, decidido, adentrou ao dormitório de Lucile, que se preparava para dormir. O dormitório estava às escuras e a janela aberta deixava uma bela lua cheia iluminar a cama da mulher amada, que, estendida ao leito a pensar e suspirar, olhava para fora, inspirando o ar perfumado dos jasmins em flor.

Lucile assustou-se quando ele, sem perceber, deixou cair um vaso, dentro daquela escuridão. Ela procurou acender uma vela, sentada ao leito, mas vendo a silhueta do homem amado, perguntou:

– Sois vós, Don Alonso?

Na penumbra, vendo a noiva com seu traje de dormir branco, cabelos soltos caídos aos ombros nus, Don Alonso teve ímpetos de dar-lhe indiferença, mas não resistiu. Esta mulher, que há tanto tempo amava, esta mulher que o deixara transtornado a ponto de cometer um crime e que tantos desatinos sofrera por sua causa, esta mulher cuja face aturdia seu sangue em loucuras de paixão, esta mulher estava aqui, agora, pronta para pertencer a ele, casar com ele, amando-o também... Por que procurar dissabores em coisas que poderiam ter acontecido antes? Tinha ele certeza do que ela sentia por ele, vira isso em seus olhos e ouvira o seu testemunho perante o homem que deixara partir, aquela sim, fora a prova do sentimento verdadeiro que ela lhe tinha.

Então, sentou-se ao leito e abraçou-a murmurando:

– Lucile, Lucile, minha vida, meu amor.

Com prenúncio de dia radioso, os noivos abriram os olhos para um novo amanhecer. Felizes, fizeram junto o desjejum no jardim e sentaram-se depois na grama, rindo com os feitos das crianças que brincavam com a ama seca.

Abraçados, fizeram juras de amor, selando um fato que jamais seria desvendado entre eles. Amavam-se e isso era o que importava. Então marcaram o casamento para aquele fim de mês, mesmo que quase nada estivesse preparado.

Depois das núpcias, realizadas pelo padre Germano na capela do castelo Salvaterres, ambos deixaram os filhinhos com a ama e Flora, e partiram para a lua de mel na Riviera francesa. Na volta apanharam tudo o que deveriam levar, seu novo lar e embarcaram em vários coches para a Espanha. Lucile olhava para trás vendo o castelo desaparecer aos poucos de sua vista e lembrava de Alfredo. Afinal, o havia amado também, e esse amor havia sido um mundo de paz e tranquilidade para ela. Alfredo fora como seu irmão, seu pai, além de esposo dedicado, mas Alonso... ah, Alonso era um homem apaixonado e sedutor, que a levava a sentir o ciúme que jamais tivera por Alfredo, que lhe tirava a paz e a tranquilidade. Seu orgulho e altivez a atraíam selvagemente. Não podia dizer se isso seria positivo ou não, mas jamais o abandonaria. Era como se ele a tivesse enfeitiçado de tal forma, que a amarrara à sua vida com mil cordões.

— Lucile, há alguém na Espanha que conheceis?

— Já não vos falei, Alonso, tantas vezes, quando ainda no primeiro ano que viestes para o castelo de meu... de Alfredo? Lembrais que vos havia dito que meu pai era de sangue espanhol?

— Sim, porém isso não diz que ele seja totalmente um espanhol.

— Ele viveu muitos anos aqui na França, mas depois que casei não me correspondi mais com ele.

— Não escreveis para vosso próprio pai?

— Ora, mas ele quase nunca me procurou em toda a minha vida... jogou-me dentro de um convento para que eu estudasse e adeus. Poucas vezes o vi.

– Tendes saudades dele? O que mais sabeis sobre ele, Lucile?

– Não sei quase nada e, para dizer a verdade, até gostaria de me certificar se está vivo ou não.

– E se eu vos dissesse que o conheço e que sei onde mora?

– Como podeis saber isso, Alonso?

– De uma maneira extraordinária. Mas deixemos esta surpresa para quando chegarmos lá.

Don Alonso Ferdinando jamais relataria toda a sua vida, sem saber se Lucile lhe seria de fato fiel. O fato de se sentir abandonado ainda na infância pela morte dos pais, o fazia desconfiar totalmente das pessoas até ter a certeza do contrário. Como poderia relatar o fato de ter mandado tirar a vida do seu esposo? Jamais ela o perdoaria, mesmo que o amasse! Vista sobre este fato, sua vida permaneceria a ser um livro que se conservaria quase que totalmente fechado.

O casal e as crianças de Lucile permaneceram na bela casa no centro de Madrid que Alonso havia alugado meses antes.

A vida transcorreu sem detalhes maiores e repleta de amor. Se não tivesse acontecido o grave delito anterior entre Don Alvarez e Lucile, pela desconfiança que ela sentira do noivo, dir-se-ia que eram o casal mais feliz deste mundo.

Paixão e Destino 139

Alfredo os seguiu, mas nada conseguia fazer, visto a oscilação do afeto que envolvia os amantes com luzes vibratórias de alto teor, de modo que era difícil alcançar suas mentes e penetrar nelas através de discursos infelizes.

Uma tarde, a convite de um amigo, Alonso uniu-se ao clube masculino e começou a fazer parte das conversas indiscretas sobre mulheres, cavalos e trabalho, entre os homens. No momento que seu amigo saiu, passou por lá Don Alvarez. Alonso não o viu e continuou fumando seu charuto olhando para os que cavalgavam lá fora. Senhores ao lado comentavam:

– Sabeis, caro Amâncio, que este tal Alvarez...

Don Alonso assustou-se com o nome e iniciou a prestar atenção à apresentação do repertório que comentavam:

– Sabeis, caro Amâncio, que este tal Alvarez saiu da Normandia com uma desesperança brutal. Acontece que a mulher que o atraía deixou-o arrasado. Ouvi de um amigo que, aproveitando uma viagem de seu noivo, ela, despeitada e angustiada, não consentiu em esperá-lo por tanto tempo e começou a oferecer seu sorriso ao pobre homem, aproximando-se dele, talvez pertencendo a ele, para depois o largar de tal forma, como se larga um saco de batatas. Sim, porque se a coisa não tivesse sido tão grave, ele não estaria arrasado desta forma. As mulheres já não são aquelas submissas que tínhamos antes. Pobre homem!

Alonso então entrou na conversa:

– De quem estão falando?

– Estamos falando de uma senhora da nobreza, uma condessa e Don Alvarez – respondeu o camarada, pronto a ser-lhe útil. Por ventura vós conheceis este nosso amigo?

– Sabeis o nome dela? – perguntou Alonso batendo com o novo charuto na mesa, antes de cortar sua ponta.

– Não, isso ninguém sabe, ele não comentou. Talvez porque ele a amou, de fato. Conheceis Don Alvarez?

– Nunca ouvi falar dele – respondeu dissimulando Alonso, virando a cabeça para que eles não admitissem a mentira em seus olhos.

– Mas... guardai sigilo. Senhor, se esta conversa continua, o nosso conhecido aqui, ficará furioso conosco.

– Tal condessa deve ser muito bela! – comentou outro amigo do grupo de Alonso, chamado Gustavo.

– Olhai a hora! Por acaso, tenho um compromisso logo agora. Corro para casa. Adeus a todos – disse Alonso, afastando-se para não se denunciar aos novos camaradas.

Aquela foi a primeira e tencionava ser a última vez que ele participaria do clube. No entanto, com seus pensamentos escurecidos pela amargura, agora sabendo

Paixão e Destino 141

o que realmente acontecera com sua esposa naqueles dias, Alonso sentia-se queimar de revolta e ciúmes. Havia resolvido determinantemente aplicar o esquecimento naquele fato, mas atendeu ao chamado do amigo desencarnado, que foi atraído pela sua vibração negativa e começou a acompanhá-lo, mais feliz, disposto a rever o despeito na face de seu traidor.

Alonso, fechado no banheiro fazendo a barba, dizia baixinho:

– É, eu fiz o que fiz por amor à mulher que me desesperou de paixão e ela me traiu. Quem pode afirmar que não? Por acaso ela tentou me contar ou pedir perdão por alguma coisa? Não, está fria neste assunto apesar de entregar-se a mim com toda a paixão de sua alma. Eu matei Alfredo. Eu o matei e aqui estou eu... infeliz novamente. Onde a felicidade? Onde a paz? Terei que sair de Madrid. Terei que partir com Lucile, terei que levá-la para longe. Contarei a ela sobre seu pai e lhe mostrarei o castelo que herdou e que não conhece. Jamais aquele homem deverá aparecer a ela. Jamais!

Alfredo ouviu o amigo e ergueu-se, tentando esbofeteá-lo.

Alonso sentiu-se mal pela vibração do conde e deixou o banheiro.

– *O quê? Matastes-me? Fostes vós, miserável? – dizia o espectro. – Agora jamais vos abandonarei. Agora*

142 *Paixão e Destino*

estarei convosco para vos perseguir com meu ódio! Não sereis feliz com ela, eu vos juro! Ela vos trai, ela vos trai. Matai-a também, miserável, já que sois um assassino!

Alfredo começou desesperar-se e clamou por Deus:

– Oh, Deus, meu pai! Auxiliai-me, já que me sinto nas trevas! Meu amigo, meu grande amigo... tudo o que fiz por ele, foi ele! É demais! Por momentos acreditei que meus pensamentos funestos eram nada mais que a desconfiança de um ser enciumado, mas agora... agora eu me sinto, sim, nas trevas da dor. Curai-me, por Deus! Curai-me desta angústia que me sufoca! Ele não poderia ter feito isso , logo a mim que lhe fui como um irmão!

Alfredo atirou-se em um banco de pedra da rua e derramou lágrimas copiosas. Chorou por um tempo que não saberia dizer até cansar-se e sentir uma mão em seu ombro. Neste momento, Ismael, o protetor de Alfredo, buscou sua destra falando a ele:

– Vamos, meu irmão. Vim vos buscar com a bondade de nosso Pai Celestial. Já vos demorastes tanto aqui e olhai para vós. Não pareceis mais o mesmo. Lembrai-vos de vossa vida na Normandia e o quanto fostes confiante com o amor de vossa esposa? Vinde, esquecei-vos de vosso ciúme que somente poderá relegar-vos à loucura e à obsessão. Já não mais pertenceis a este plano de vida; somente devereis pensar que o passado ficou para trás. O importante foi vossa colaboração com este irmão, que ainda acha-se perdido entre o presente e

Paixão e Destino 143

as lembranças do pretérito. Pensai nas palavras do Cristo "Ai daquele por quem o escândalo venha". Fostes aquele que ofereceu a mão a um amigo. Vingar-se não faz parte de vosso espírito tão digno que foi. Vinde, porque sereis levado a conhecer a verdadeira face do pretérito que vos legou este destino. Não somente acolhereis em mente este fato, como absolvereis vossos atuais desafetos que são e foram vítimas de um amor não resolvido.

– Não, eu preciso ficar aqui para ver estes miseráveis e acompanhá-los também para a morte.

– Acalmai-vos, meu irmão. Vossa esposa continua digna como antes e, quanto a este irmão, que vistes detalhar-vos coisas tão absolutamente indignas, vereis que está vivendo um verdadeiro inferno, pois sua paz esvaiu-se de seu interior e quem não tem paz, nada tem.

Lembrais o local que vos acolheu? Está a vossa espera. Não devia vos ter trazido ainda tão cedo para ver vossa família e o fiz porque o merecíeis, meu filho, mas vede como ficastes. Deixai para Deus, que é nosso Pai amado, o condão de fazer das vidas dos que tiveram o privilégio de conviverem convosco, o que deve ser feito. Não somos nós os indicados para fazermos justiça. Esta parte pertence ao Pai.

Sim, Alfredo recordara que havia feito tantas coisas positivas quando vivo e tinha ofertado tanta coisa boa para sua esposa, não valia a pena agora se desesperar

144 *Paixão e Destino*

por um fato consumado. Deveria aguardar o próprio julgamento de Deus.

Com as grandes instruções de Ismael, Alfredo consentiu em deixar o casal para o julgamento do Alto. Continuou chorando, mas partiu procurando esquecer a mulher que amara, crendo no mentor e na justiça Divina.

* * *

– Lucile – chamou Alonso chegando-se perto da mulher amada, lembrando que aquele amor fizera matar Alfredo.

Ele olhava nos seus olhos azuis e encontrava o próprio céu. Tremia perante seu olhar, mas lembrando-se do que ouvira da boca daqueles homens no clube, também a odiava.

Lucile deixou a roupa que costurava e virou-se para vê-lo. Não conseguia descobrir qual a preocupação tão grande de seu semblante.

– O que foi? O que aconteceu? Vinde aqui, meu querido. Vou fazer-vos descansar em meu regaço. Dizei-me o que vos está deixando assim tão perplexo e o que estais a temer.

Diante aquele afeto, Alonso Ferdinando deixou-se enlevar. Abraçou a esposa que se levantara e deitou-se em seu ombro, o rosto não a deixando ver a expressão de

Paixão e Destino 145

sofrimento que continha. Mas Lucile, pela intuição feminina afinada, perguntou:

– O que aconteceu no clube, Alonso? Cavalgastes hoje? Vamos, dizei-me, que acalentarei vosso interior com minha ternura e o amor imenso que sinto por vós.

Alonso distanciou-se dela, apanhou seu rosto entre as mãos e perguntou-lhe:

– Teríeis, já que me amais tanto, a coragem de olhar para outro homem?

– Olhar? Como olhar... é claro que olho para muitos homens, mas não os vejo, como vejo a vós. Por que perguntais isso? – falou Lucile, deixando-o e caminhando pela sala, mirando-o nos olhos.

Alonso novamente aproximou-se dela e novamente perguntou:

– Lucile, seríeis capaz de trair-me? – queria perguntar a ela o que realmente acontecera entre ela e Don Alvarez, mas não tinha coragem. Temia sua reação.

– Não teria coragem, pois vejo que me amais muito e, se isso acontece, se não desconfio de vosso amor, sou e serei eternamente vossa. Mas por que vos preocupais tanto?

Don Alonso, caminhando pela sala, deteve-se em frente ao armário de livros e, pretendendo não olhar em seus olhos, concluiu:

146   *Paixão e Destino*

– Alguns homens no clube falaram hoje sobre uma condessa da Normandia e Don Alvarez. Contaram-me que este homem sentiu-se derrotado, pois a amante o abandonara.

– Mentira! Mentira!

– Mentira? Sabeis quem é essa mulher, esta condessa da Normandia? – voltou-se rapidamente Alonso, olhando-a estranhamente.

Lucile traíra-se. Em sua face branca como cera, deixara descer a máscara que escondera durante tanto tempo. E com o temor de perder o homem que tanto amava, falou, deixando-se cair a seus pés:

– Sei, sei o que estais a pensar. Sim, naqueles dias, quando viestes à Espanha, enchi-me de temor que me abandonarias. Aguardei por semanas vossa carta que não vinha. Caminhava nos jardins lastimando vossa perda, pois já vos considerava perdido para mim. Dissestes um dia para mim que vosso sonho era voltar à Espanha e não regressar tão cedo à Normandia. Senti-me repudiada, abandonada. Todos me convidavam a sair daquela depressão em que me meti, mas eu somente chorava e lastimava, dizendo a mim mesma que já não me querias. Então decidi visitar amigas, ir a festas e...

– E?... E o que, Lucile? Amar outro homem? Entregar-vos a outro sem ainda me pertencerdes? E o quê? Falai!

Paixão e Destino 147

– Não me entreguei a ninguém. Não penseis nisso jamais, Alonso! Não aceitaria isso de vós, – falou ela levantando-se e caminhando novamente de um lado para outro, concluindo:

– E vi que havia um desconhecido que me procurou para conversar com ele. Aceitei, pois me sentia só, como comentei há pouco. Somente isso.

– Há mais alguma coisa, Lucile, eu o sinto. Ele... Ele a beijou?

Lucile, temendo a verdade que Don Alvarez tivesse dito, respondeu:

– Ele me beijou à força e eu o esbofeteei. Não aceitaria um homem em minha vida, somente vós, vós. Sois vós quem eu amo!

Alonso aceitou a mentira de Lucile e achou melhor terminar com aquela conversa. Abraçou a esposa e beijou-a ternamente:

– Acabou este pesadelo que me remói há tanto tempo. Faz anos que penso naqueles dias que passaram, achando que... Bem, não importa mais. O presente é que conta. Nós nos amamos muito, não é?

– Sim, sim.

– Lucile, vamos mudar para o interior – dissera ele logo após a ela, pois saberia que não poderia conter o ciúme doentio que estava sentindo.

148   *Paixão e Destino*

– Para onde? Aonde vamos?

– Quereis ver vosso pai?

– Meu pai? Onde ele está? Teria de ser "apresentada" a ele novamente. – falou rindo. Ele nem me reconhecerá e nem eu a ele. Mas como sabeis dele?

– Pois vos levarei a ele. Amanhã, falai aos criados, que preparem toda nossa bagagem. Sairemos à tarde ou no dia seguinte depois do desjejum. Tereis uma surpresa. Peço, no entanto, que já que vos devolvi toda vossa fortuna, que eu só tenha em comum convosco aquele castelo, que na realidade não é nem um décimo de tudo o que possuís.

– Por quê? O que é meu é vosso, meu querido.

– Porque é só o que vos peço. Os documentos já estão preparados aqui mesmo no gabinete. Precisareis assiná-los, mas antes é preciso que os leiais.

Lucile sentou-se em uma alta poltrona, apanhou os documentos nas mãos e começou a lê-los. Assinou-os rapidamente e disse ao seu esposo, abraçando-o:

– Vinde aqui, agora, meu carinho. Vamos nos recostar, porque por hoje ambos nos sentimos aliviados. Preciso que vós me abraceis e que me deixeis deitar minha cabeça em vosso ombro. Não sei como fiquei tanto tempo desconhecendo o homem que mora dentro de vós, que eu admiro e que muito amo.

Paixão e Destino 149

No castelo, Don Francesco, aturdido pela notícia da vinda da filha, caminhava de um lado para outro, verificando se tudo estava bem. Mandara apanhar flores no jardim, perfumar o dormitório em que a filha ficaria, colocar belos lençóis bordados à mão, arrumar os aposentos dos gêmeos, e, sem dúvida, o do seu esposo.

Finalmente teria oportunidade de conviver com Lulu, a filha do coração e o último arrimo de sua vida. Com seria ela? Boa, carinhosa? Jamais teve a oportunidade de conviver com ela. Aceitaria-o como pai?

Os coches chegaram trazendo a família e formou-se a fila dos serviçais na frente do castelo, à disposição de Don Francesco, para assistir a chegada da nova moradora, a que seria, de fato, a dona de tudo aquilo. Don Francesco aproximou-se do coche e sorriu:

– Enfim, meus filhos. Enfim vieram alegrar este castelo sombrio.

– Desceu do coche Alonso, apanhando a mão de Lucile, que bela como nunca, trajando um vestido azul da cor do céu, olhava seriamente para seu pai, procurando avistar se nele algum traço seu reconhecia. Depois, um leve sorriso apontou em seus lábios, e falou:

– Sois meu pai, não? Finalmente vos encontro. Espero que vos sintais bem conosco, visto que moraremos, de agora em diante, aqui. Na realidade, sereis nosso hóspede, ou melhor, de meu esposo, pois ofereci a ele esta parte, e foi a única coisa que lhe agradaria ficar de minha grande fortuna.

Don Francesco olhou para seu sobrinho, admirado, pois não soubera do casamento dele, logo com sua filha, e viu que ele tinha conseguido tudo o que prometera a si mesmo um dia. Alonso elevou a cabeça e sorriu para ele com orgulho, piscando-lhe o olho direito.

Seguiram-se os anos. Lucile não se aproximava muito daquele estranho, que chamava por Don Francesco e não por pai. Desacostumada, agora, da vida no interior, lamentava o isolamento e a falta de festas onde podia mostrar seus vestidos e onde sua beleza podia ser admirada. As crianças cresciam e ela não queria ter mais filhos. Queixava-se sempre quando Alonso viajava, pois ele o fazia todos os dias para trabalhar em Madrid e voltava tarde da noite. Durante muitos dias, o esposo precisava pernoitar na cidade mandando avisá-la. Ela, enfurecida, quebrava alguns objetos e atirava-se na cama a chorar. Onde estava aquele homem apaixonado por ela? Tudo se modificara. O ciúme que ele lhe tinha resultara na sua distância a seu lado. Prendera-a em um local onde novidades não havia, onde somente caminhava entre os serviçais, conversando com o pai e as crianças. Don Alonso, no entanto, amando-a como sempre, tinha muitas companhias de amigos que o convidavam a festas noturnas e clientes femininos que não deixavam de envolvê-lo com carícias e convites, no princípio desprezados por ele.

Paixão e Destino   151

No entanto, a infidelidade era constante nos homens da época, e com Alonso não fora diferente. Os dias que passava distante de casa, faziam-no sentir-se solitário; foi nesse momento que começou a aceitar reuniões em casa de amigos, onde tocava seu violino em audições fraternas. Mas uma mulher, sua cliente, abandonada pelo marido, o envolvia de tal forma que ele deixou-se levar por seus carinhos. E começou a afastar-se mais e mais do castelo, fazendo fortuna e abandonando o lar.

Um dia, cansada, Lucile fez as malas e partiu a para Normandia e, quando Alonso voltou, somente encontrou uma carta. Abriu-a no silêncio de seu aposento e leu-a:

"Alonso:

Volto hoje para a Normandia. Vou rever meus amigos e meus negócios. Resolvi mudar minha vida, visto que quase não mais vos vejo. As crianças partem comigo e comigo também meu pai, que me contou ontem que sois meu primo. Não entendi por que, tanto tempo juntos, não vos dispusestes a relatar-me vosso passado. Hoje sei da verdade sobre quem vos deixou órfão. Sinto muito, mas sei que Alfredo, meu amado e bondoso esposo, que jamais me deixou só, não foi o culpado.

O escritório deve estar muito bem, visto que ficastes famoso, tão famoso que as conversas já chegaram aos meus ouvidos por intermédio de Don Alvarez, que, parece-me, passou por aqui somente para contar-me isso. Mas como não sentis nossa falta, espero que volteis novamente a morar em Madrid, pois vos abandono agora e a este castelo, que já não nos será útil, e que permanece, portanto, com os empregados que aqui já estavam. Se um dia quiserdes rever-nos, a mim e às crianças, sabereis onde nos encontrar.

Adeus

Lucile Muñoz. Marquesa de La Torre."

Don Alonso sentou-se em uma cadeira pesadamente. Colocou a mão sobre os olhos e chorou. Revoltou-se por ter sido tão absolutamente cruel e egoísta com a mulher que "roubara" de Alfredo, deixando-a dias e noites sozinha. E o ódio renasceu dentro de sua alma por saber que Don Alvarez a visitara, e que ela ficara ciente de suas vazias tendências com outras mulheres por intermédio do homem que abominava. Achava que agora estava tudo perdido entre eles; ela jamais o perdoaria. Sentiu o piso se abrir e a escuridão chegar em sua vida. Sua cabeça tonteava. Precisaria colocar as ideias no lugar. Havia perdido a esposa que ainda amava apaixonadamente. Por que se deixara levar pela satisfação momentânea de ter outras mulheres em seu leito, se somente a essa amava? Cientificou-se de que o dinheiro e os valores que recolhera com tanto orgulho não lhe traziam agora nem felicidade nem glórias. Envolvido somente na reconquista de bens materiais, ficara com as

Paixão e Destino

153

mãos vazias. Estivera sendo, até o momento, durante tantos anos, quase oito, um péssimo esposo, egoísta e orgulhoso que, com o pensamento fixado na infância e em suas anteriores posses, acabara se enrolando em um cipoal de orgias com mulheres e festas, teatro e jogos, esquecendo o princípio do amor conjugal, o amor que deveria ser somente afeto, atenção e alegria.

❋ ❋ ❋

Normandia

Já havia cinco anos que Lucile abandonara o esposo. Seus filhos, já na escola militar, a alegravam e a deixavam feliz. Seu pai havia desencarnado e nos últimos anos fora imensamente feliz com o resgate do amor filial.

Recatada e muito religiosa, Lucile ainda confessava-se com padre Germano de Lucerne que, velho e cansado, a visitava quase todas as tardes, fazendo-a rir com as novidades dos jovens.

Lucile se confessara com o padre contando a ele todas as suas mágoas e as suas dores pelo fato de o esposo não mais estar com ela, nunca mais tê-la procurado ou mesmo pedido perdão a ela pelos seus arroubos em Madrid e pela solidão em que a degredara no castelo onde moravam. Com a tristeza em sua alma, ela, no castelo da Espanha, aparentava uma sombra vagando pelos corredores, atraindo com isso seres com vibrações idênticas. Procurara filtrar aquela situação dolorosa, mas a sua tristeza não permitia que seu sofrimento a abandonasse.

– Padre, eu fui tão maravilhosamente feliz quando chegamos em Madrid... No princípio, tivemos dias gloriosos de especial felicidade. Saíamos, passeávamos, íamos a festas, fizemos muitos amigos, mas um dia Don Alvarez pisou no clube onde estava meu esposo e tudo começou a escurecer em minha vida. As luzes se nos apagaram lentamente e, de um momento para outro, tornou-se noite em minha vida. Sempre fui a ele dedicada e fiel, no entanto, a dor e o medo de perder-me, transformou aquele homem gentil, amoroso, poético e feliz, em ciumento, e pateticamente obsessivo. Disse-me, um dia, que havíamos nos mudado para o castelo de La Torre somente para que eu fosse totalmente dele. Fiquei por dias como pássaro preso sem poder sair do ninho, e a desilusão juntou-se à minha vida também. Já quase não via Alonso pelo fato de Madrid não ser tão próxima de onde morávamos. No princípio, sei que ele se preocupava com isso, mas no final tudo se tornou um triste hábito e, aproveitando ele um apartamento na cidade, iniciou a dormir lá por diversas vezes, até por semanas a fim, voltando a nos ver quinzenalmente. Seus negócios aumentaram e ele iniciou a ter uma vida pomposa e rica longe de nossos olhos. Compromissos com clientes à noite em rodas da nobreza, o afastavam de mim dia a dia. No final, conseguiu o que sempre quis. Enriqueceu e alcançou seu objetivo financeiro. Escrevia-me falando em amor,

Paixão e Destino 155

em saudades, mas a preocupação de perder-me se apoderava de tal maneira dele, que achava melhor que eu ficasse trancada a sete chaves longe dos olhos de Don Alvarez, provavelmente, ou de outros nobres de seu relacionamento.

Por muitas noites ouvi soluços que não eram meus, naquele lugar, choros e lamentos. Sabia que havia espectros, em todos os lugares antigos há, mas quanto mais eu sofria, mais ouvia os lamentos noturnos. Escrevia a Alonso que meu coração chorava de saudades, ele sabia disso, mas nada resolvia. Até que um dia, eu soube através de Don Alvarez, que havia descoberto onde morávamos, sobre os romances de meu esposo com outra mulher.

E cá estou eu, padre Germano. Cá estou eu há cinco anos, sem rever o homem que mais amei na vida. Cá estou eu só, pois jamais serei de outro que não seja ele, abandonada e continuando infeliz. Pensei que ele viria a me pedir que a ele voltasse; pensei que abandonaria tudo por mim. Já não falara ele isso para mim um dia?

Dele nada mais soube, a não ser que havia chorado muito quando parti. Papai recebeu uma carta dos serviçais de lá.

– Deixe, minha filha. As dores e o sofrimento têm sempre uma razão de ser que não imaginamos qual seja. Imagino que crescemos com a dor. Já vi e revi vários casos deste tipo e pessoas com muitos problemas se tornarem bem melhores. Quem sabe a dor não fará dele outro homem, mais compreensivo, menos ciumento. O importante é levardes com fé e honradez esta vossa vida, pensando muito na educação de vossos rebentos. Alfredo iria ficar muito feliz em vê-los assim, como estão sendo educados.

– Don Alvarez está sempre vindo ver-me e é um grande amigo, mas nada mais que isso. Parece que se exilou de sua vida anterior para viver a minha. É lógico que tentou convencer-me a casar-me com ele, porém, sabendo-me irredutível na minha resolução, desistiu.

– Talvez por este motivo não se aproximou mais Don Alonso a vós. Talvez por este motivo não voltou. Quem sabe o que se passa em sua cabeça, já que era tão ciumento, não é?

– Talvez eu tivesse a culpa deste fato. Aqueles dias em que fiquei sozinha, aguardando-o e pensando ele ter-me rejeitado... Aqueles dias foram que me levaram a agir como uma adolescente traída e capaz de trair também. Foi só aí que eu errei, meu amigo, somente naqueles anos passados, o que me arrependo até hoje.

– Mas tudo agora passou, não, minha filha? – falou padre Germano dando palmadinhas nas costas de Lucile. – O bom é que ele não tem abandonado os filhos, que são como se fossem dele. Visitou-os por várias vezes na escola quando ainda estudavam em Paris. E ainda sei que tem escrito seguidamente a eles...

Paixão e Destino   157

Verificando que nos olhos da mulher havia lágrimas, ele continuou:

– Bem, mas nem tudo está perdido. Vereis que nem tudo está perdido, filha.

– Somente um milagre fará as coisas voltarem ao normal.

– Sim, mas não acreditais em milagres? Eu acredito, filha.

Lucile sorriu, enxugou as lágrimas derramadas e falou:

– Se dizeis que há, eu vou acreditar, querido padre Germano.

A tarde iniciou a cair e Lucile voltou à sala de música, depois que o padre amigo despediu-se dela. Tocando rapsódias húngaras, olhava o pôr-do-sol, incidindo nas vidraças das portas que davam ao jardim florido e vendo o entardecer cobrir de tons azuis os montes distantes.

CAPÍTULO VII

Orgulho

"Há muitas moradas na casa do Pai.

Essas palavras de Jesus também podem se referir ao estado errante do espírito, que saindo da vivência material, encontra o lugar que lhe cabe, seja em planos inferiores ou não. Pode se referir ao estado venturoso ou desgraçado do espírito conforme se ache mais ou menos depurado e desprendido dos laços materiais.enquanto uns não podem afastar-se da esfera onde viveram, outros se elevam e percorrem os mundos; enquanto alguns espíritos culpados erram nas trevas, os bem-aventurados gozam de resplandecentes claridades e do espetáculo sublime do infinito; enquanto aquele que desrespeitou as leis divinas sofre pela consciência do mal que praticou permanecendo distante de seus afetos sob o jugo da infelicidade, sob o jugo dos sofrimentos morais, o justo, junto àqueles a quem ama, frui as delícias de uma felicidade indizível."

(O Evangelho Segundo o Espiritismo,
Cap. III, item 2.)

Em Madrid, Don Alonso, com o coração cerrado, abandonara a ilusão de voltar para os braços de Lucile;

160 *Paixão e Destino*

deixara da luxúria embriagante das festas para viver somente para o trabalho. Muitas vezes tivera vontade de voltar ao castelo Salvaterres e implorar à sua esposa que voltasse, mas como os cochichos no clube que voltara a frequentar eram grandes quanto a Don Alvarez e a condessa, ele tentou esquecer o amor de sua vida e atirar-se ao trabalho, tornando-se um dos melhores advogados da Espanha. No entanto, não era feliz. Atormentava-o a morte daquele que demonstrara ser a ele um grande amigo, atormentava-o o fato de sua esposa ter outro admirador. E chorava muitas vezes ao adormecer, pedindo que Alfredo o perdoasse e que Deus, que é Pai, fizesse com que o esquecimento da mulher que amava viesse ao seu encontro. Quanto amor ainda teria para lhe dar, não fosse o companheiro que ela deveria ter agora, Don Alvarez; quantos sonhos perdidos e quimeras desfeitas no balanço dos ventos. Como estaria a sua amada esposa? E se voltasse, e se a encontrasse, e se ela voltasse aos braços seus, como seria? Mas haveria outro homem à sua volta e não queria novamente tornar-se um assassino. Tê-la-ia tocado? A amaria quanto ele a amava?

A dúvida e o despeito moravam em sua mente e o sentimento de atroz maldição não o permitiria voltar ao castelo onde uma vez morara, na Normandia. Encontraria lá o espectro do homem em todos os lugares, a lhe cobrar a própria vida física.

Dias se passaram quando, visitando novamente o

Paixão e Destino 161

clube de caça, Alonso reviu um dos seus amigos, Leon, que lhe falou sobre Don Alvarez:

– Sabeis, meu companheiro, que Don Alvarez vai se casar?

O coração de Alonso parecia que iria parar. Ele empalideceu e não teve coragem de ouvir o que o amigo tinha a lhe falar, mas como Rodrigo, que também estava no clube, ouvira a conversa e já estava sabendo do caso de Alonso, saiu da mesa próxima, segurou-o pelo braço e insistiu:

– Então, não quereis saber com quem?

– Não me importa, Rodrigo, deixai-me ir.

– Pois não saireis daqui sem que eu vos diga que Don Alvarez se casará com Marguerite, meu caro. A mesma mulher que se aproximou de vós naqueles dias, lembrai-vos? A mim parece-me que ele vos persegue querendo todas as mulheres que... mas... ficastes aliviado, não foi? Fico feliz, vejo em vossos olhos a alegria e talvez... a esperança? É isso?

Alonso relaxou, deu um forte suspiro e quis perguntar algo que ficou cravado sem sair de sua garganta.

– Mas então, então...? – tentou formar uma frase gaguejando.

– Sim, meu amigo, então ele nada tinha com Lucile, não vedes isso? Vá, correi para ela se ainda tendes pernas suficientes que vos levarão até lá. Deixai tudo, pois que ela, com certeza, vos aguarda. E viva "l'amour !"

Sem falar mais nada, Alonso correu para casa, fez uma maleta e apanhou o coche para a França. Seguia com o coração batendo forte. Como seria sua chegada? Agradaria Lucile?

Oh! – pensava ele – *como lhe pedir perdão por toda desconfiança sentida? Me perdoaria a mulher de minha vida? E os meninos que eu tanto amo, gostarão de me ver de volta?*

Neste interim, misto de dor e sofrimento enlutou o coração de Alonso que, amargurado, pensou em retroceder, contudo, o fato de ela estar só o encorajou por momentos, mas logo o amargor que sentira com sua partida o fez estancar.

– Parai o coche! – gritou para o cocheiro. – Voltemos!

O arrependimento, quando verdadeiro, encontra alento no interior do ser mais humilde, mas no coração orgulhoso de Alonso, ainda não fizera morada.

Jesus disse-nos um dia no Sermão da Montanha:

"Bem-aventurados os humildes porque eles serão consolados". No entanto, o orgulho é nosso maior defeito, e nos pode trazer inúmeras infelicidades. O fato de nos sentirmos o maior não nos fará ser o melhor, porque,

Paixão e Destino 163

ainda falando nas palavras de Jesus, Ele conosco comentou um dia:

"O maior será o menor na casa de meu Pai, portanto, todo aquele que se fizer como uma criança, entrará em meu reino, porque tem puro o coração."

Don Alonso Ferdinando, marquês de La Torre, ostentando toda a grandeza de seu emblema de ancestrais, ergueu a cabeça e pensou que não seria o "rebaixar-se" que o faria voltar à esposa que o abandonara.

Ela sim, deveria colocar-se aos meus pés, implorando perdão pelo esposo que abandonou, porque um homem é um homem e, se errou, isso faz parte dos homens honrados, também. Todos buscam aventuras nos braços de outras mulheres, foi o que se aprendeu desde tenra infância; as mulheres mais vividas têm atrativos para uma relação diversa dos que se tem com a esposa.

Este era o seu pensamento infeliz, não permitindo dizer a si mesmo, que o amor verdadeiro não deseja entregar-se a outra pessoa que não seja aquela que faz morada em seu coração.

No dia seguinte, Alonso, fumando seu cachimbo, adentrou no clube de caça olhando à volta para ver quem encontraria lá. Cabisbaixo e sisudo, procurou com os olhos até encontrar Leon que, vendo-o, sacudia a cabeça para ambos os lados.

– Não posso imaginar que não fostes ainda, homem de Deus. O que vos prende aqui?

– Tenho meu orgulho próprio.

– Mas por que isso? Aonde vos levará este tão precioso orgulho, homem?

– Eu estou de acordo que é aquela que abandona o lar que deveria implorar perdão.

– Sim, deveis ter razão já que não fizestes nada a ela, não é? – falou Leon com escárnio. – Ora, meu amigo, vós deveis deixar de ser... estúpido, este é o melhor termo para vós. Eu jamais perderia a mulher que fiz sofrer.

– Fiz sofrer? Mas...

– Não adianta desculpar-vos comigo, porque bem sei de vossas façanhas nesta cidade, amigo. Atirastes vossa esposa naquele lugar isolado para virdes sorrir e extasiar-vos em nossa capital. Sei de toda a vossa vida, não adianta esconder esta verdade de mim. Sei das mulheres que possuístes, inclusive aquela Marguerite...

Alonso deu-lhe um tabefe com a luva dizendo:

– Se é isso que quereis de mim, meu... amigo, então tereis.

– Jamais vou querer duelar convosco, porque isso não faz parte de meu temperamento.

– Por que não? Acaso sois covarde?

Paixão e Destino 165

– Isto fizestes, e não vedes, porque a verdade muitas vezes dói nos corações orgulhosos, mas se quiserdes ser infeliz, que façais vossa vontade. Estava até agora a querer abrir vossos olhos. Dona Lucile é uma preciosa jóia que deve ser bem resguardada e ela vos ama, falou-me isso Don Alvarez quando voltou da Normandia. Somente vós, orgulhoso como sois, não sois capaz de ver isso.

Leon saiu dando costas ao amigo que, estarrecido, ao ouvir tanto sobre sua maneira de ser, atirou o charuto na relva e saiu também de volta a sua casa.

Aquelas palavras fizeram Alonso repensar na vida.

Sentia-se envelhecer, já com seus quarenta e oito anos e não pressentia o esplendor dos dias futuros a restaurar seu ânimo. O final que teria, pensava, seria ser só e doente sofrendo o mesmo amor por Lucile em um leito de hospital. Seus filhos, os gêmeos que amara como seus e que haviam trazido tanta alegria naqueles dias, deveriam estar sentindo a ausência do pai que ele não soubera ser. Por que mandara terminar com a vida do esposo tão afetuoso como Alfredo? Alfredo fora um bom homem. Então, dormindo, colocava-se no seu lugar e clamava: "Não, não me mateis, por favor, sou o esposo da mulher que amais, não me mateis!" Acordava remoendo-se de remorsos e recomeçava a chorar, atirando-se ao chão e implorando:

– Por Deus, Alfredo, perdoai-me! Perdoai-me!

E o tempo passava com Don Alonso, o marquês

orgulhoso e sensível, trancado no castelo de seus pais, quase totalmente isolado do mundo, onde tocava em seu violino as lamentosas melodias trazidas do fundo dos seus mais íntimos sentimentos. E, para esquecer a angústia da solidão, bebia até adormecer, sendo que muitas vezes os empregados o encontravam pela manhã atirado em um divã da sala, ainda vestido. Destruía-se aos poucos. Sua solidão era desmedida.

✲ ✲ ✲

Alfredo, no plano espiritual, sentindo a dor do remorso de Alonso condoía-se com o fato:

– Ismael, nós precisamos fazer alguma coisa... o homem está derrotado. Ama, mas não quer voltar para a esposa, com sentimentos de remorsos...

– Fico imaginando vossa mudança, Alfredo. Sois agora um homem feliz, pois pensais no bem estar de vosso próximo. Aceitais vosso irmão agora?

– Sim, depois que soube da verdade acerca de nossas vidas, Alonso, eu, não senti mais nada por ele que pena e também arrependimento. Fui eu um grande culpado pela dor de sua vida pretérita casando-me com a mulher que ele amava tanto. E em duelo eu consegui retirar sua vida naquela época. Por isso eu, quando encarnado, tive vontade imensa de ajudá-lo. E ele teve motivos para querer minha morte.

– Sim, pode ser que tivésseis motivo, mas jamais

Paixão e Destino 167

direitos. É... a vida é um teatro, meu filho. Todos nós poderemos ter motivos para nos vingar de nosso malfeitor, porém precisamos estar de acordo com as leis divinas para gozarmos da felicidade infinita junto aos que amamos. E essa lei maior é "amar ao próximo como a nós mesmos", e isso serve também para os nossos inimigos. Penso por que não ouvimos quando encarnados esta voz? Oh, seria tão maravilhoso quando cada um se perguntasse antes de adormecer: "O que fiz de bom hoje em favor de meu irmão?" Já imaginastes, meu filho, como será o mundo no dia em que todos enfrentarem suas consciências e a obedecerem? Já imaginastes que mundo teríamos então?

Fico pensativo, às vezes, pelas palavras da população quando desejam a pena de morte para os bandidos. Sabeis por quê? Porque eles renascerão mais revoltados, mais perversos e nem sequer estarão dispostos a ouvir seu íntimo para saber se estarão certos ou não nesta decisão.

Quando os homens reconhecerão que estes infelizes, que são filhos, esposos e pais, merecem também se aperfeiçoar espiritualmente através da educação evangélica? Às vezes uma palavra amiga, um conselho útil, uma mão que demos a eles os fazem crescer para Deus. A religião dá significado à vida. Jesus veio especialmente para nos mostrar que existe uma chama do amor a palpitar em nosso interior, às vezes muito tênue, mas que poderá ser fortalecida pelo amor fraternal. Fazeis bem em vos preocupardes com Don Alonso. Ele necessita do vosso perdão. Vedes como está renovado e como a dor o fez pensar no nosso Pai Celeste e em sua Criação?

Sei de casos onde o amor esteve tão presente quanto o ódio. E o ódio, reverso do amor, é muito mais forte do que imaginamos. Se o ser encarnado soubesse o quanto tem de vigiar seus passos, o quanto tem de vigiar suas palavras e seu pensamento... E o quanto sairia recebendo se assim procedesse, ele seria tão feliz...

Fomos, talvez, já em outras encarnações, ladrões, agressores, assassinos e mil e uma barbáries fizemos, e colhemos como resultado a infelicidade que foi o fruto de nossa própria colheita.

Don Alonso está realmente obstinado no arrependimento, o que o deixa triste e abatido. Se soubesse anteriormente deste fato, jamais teria se permitido, sequer, em pensar no que tentou fazer. Foi muita sorte dele vossa vida ser retirada por outro inimigo do passado, mas, engajada na consciência dele está a culpa, ou seja, ele foi vosso assassino.

– Sim. Estou vendo isso agora mais do que antes, mas, como estava dizendo, Ismael, preciso auxiliar meu amigo Alonso. Terei permissão para descer novamente?

– Sim, com certeza tereis, sim. Pediremos permissão ainda hoje.

✳ ✳ ✳

Paixão e Destino   169

Em Madrid, o fato de Lucile estar só e não procurar por ele permitia que Alonso se sentisse totalmente abandonado. Começou a deixar fugir os clientes pouco a pouco, perdendo o sentido da vida e a vontade de viver.

Intuído por Alfredo, o Dr. Persian, que fora seu médico particular, muito espiritualizado, fazendo de sua profissão uma verdadeira religião, benfeitor dos mais fracos e humildes, foi a Madrid a turismo e visitou o clube de caça com sua esposa e mais um casal de amigos.

Lá, encontrou-se com Don Alvarez, que conhecera no castelo do conde Salvaterres, na ocasião do jantar oferecido por Alonso quando comunicou seu casamento com Lucile.

– Bons dias! Que prazer temos de rever o amigo! Coincidência nos encontrarmos aqui nesta cidade tão grande, não? – falou o doutor Persian.

– Sim, doutor. É uma grande coincidência.

Depois das devidas apresentações a Don Alvarez, o médico fez menção de retirar-se, mas o amigo os convidou para tomar algo. Conversando sobre a cidade, os locais belos para se visitar, o médico francês perguntou ao espanhol sobre Don Alonso.

– Bem, doutor Persian, nós não o vimos mais por aqui. Simplesmente sumiu da cidade. Pelo que sei, deixou o apartamento da cidade para voltar a seu castelo

170 *Paixão e Destino*

próximo de Madrid, mas um pouco afastado demais para o trabalho do escritório. Então começou perder os clientes, e... bem, nada mais sei a respeito. Por que não fazeis uma visita a ele? Quem sabe poderíeis ajudá-lo?

– Talvez eu consiga, mas terei de me dispensar dos amigos que me acompanham. Ora, lembrei-me que amanhã teremos um tempo livre. Sim, será isso que faremos. Dai-me o endereço, por favor.

Assim, no dia seguinte, antes do meio-dia, bateu o médico no castelo e, visualizando o estado do amigo de Alfredo, não quis partir sem deixá-lo melhor. Aconselhou-o falando das coisas da alma e do amor.

– Nem sabeis a felicidade que me trazeis com vossa presença aqui em minha casa – falou Don Alonso sorrindo, mas com os olhos profundamente tristes mirando Dr. Persian. – E convosco também a alegria de sentir-me próximo da Normandia. É muito bom, muito bom mesmo vossa presença, meu amigo. Tenho, dentro de mim, também a lembrança amiga dos sonhos, os ideais de minha juventude. Saudade que se inflama em meu peito, saudade... – continuou a dizer Alonso ao médico, levantando-se da poltrona onde estava e abrindo um pouco as pesadas cortinas de veludo que cobriam a iluminação do dia radioso do jardim.

– Estou preocupado convosco, meu amigo – explanou o médico. E, para dizer a verdade, fui meio

Paixão e Destino 171

que "obrigado" a vir ver-vos depois que conversei com alguns conhecidos por aí.

– Fala-se de mim na cidade? – perguntou Alonso desviando-lhe o olhar.

– Não, na cidade não ouvi nada, mas casualmente encontrei um amigo que me disse que estáveis aqui e que fazia muito tempo que não vos via. Então, como sou suspeitamente curioso... tive de vir ver-vos para saber de vossa vida. Casastes novamente?

Alonso, que havia se sentado, levantou-se de relance apanhando agora um cachimbo e limpando-o para colocar nele nova erva, acomodando-se novamente:

– Como poderia casar-me, se dentro de meu coração não haverá jamais lugar para outra que não a minha esposa?

– Meu amigo. Lembrai-vos daquela tarde, quando tristemente nos encontramos, com a desgraça de Alfredo? Lembrai-vos de que, antes de ir-se, ele chamou-me para dizer-me algo no ouvido?

– Sim – falou Alonso baixando a cabeça e levantando os olhos lacrimosos –, mas prefiro jamais tocar neste assunto.

– Porém há uma coisa que deveis saber, meu amigo. Algo que se soubésseis ficaríeis estupefato. Algo que agora poderei dizer-vos, pois tantos anos se passaram e, por certo, vendo-vos nesta triste vida que estais levando,

Alfredo gostaria que vos cientificásseis, porque seria uma forma de vos recuperardes desta insólita desventura por que passais.

– Meu amigo, mas que homem desventurado sou! Olhai, nem vos convidei a sentar-vos ainda – falou Alonso querendo mudar de assunto.

– Estou bem em pé, Alonso, porque quero vos examinar, mas antes, antes contarei a vós o que Alfredo me disse ao ouvido no momento de sua morte.

Don Alonso levantou-se rapidamente e falou:

– Seja o que for, não desejo estar ciente.

O medo de ser reconhecido como o assassino de Alfredo o aterrorizava. Não queria que o médico falasse nada porque qualquer coisa o recriminaria. O fato de estar novamente naquele castelo, o fato de casar-se com a esposa de Alfredo, tudo, tudo, sem exceção, o incriminaria. Alfredo, por certo, soubera do seu amor por Lucile e o perdoara, pois não fora ele mesmo que pedira que se casasse com ela?

– Sentai-vos novamente, meu amigo. Por que todo este desespero? Sinto que não quereis ouvir o que tenho a vos dizer, mas vejo que é importante. Quero vos falar exatamente o que ele me disse naqueles momentos derradeiros, porque fará vos sentirdes aliviado.

Alonso ouviu-o com atenção, e o médico, agora

Paixão e Destino 173

sentando-se, pedia um charuto que via na caixa acima da mesa auxiliar. Ele disse calmamente:

– É impressionante como o indivíduo, na hora derradeira, se ainda tem uma brecha de tempo para orientar-se aos céus, sente a necessidade de mostrar sua magnitude. Alfredo sabia de vosso grande amor por Lucile, pois vossos olhos lhe falavam sobre isso, mas vosso caráter, em que tanto ele confiava, o fez nada temer a esse respeito, porque tinha a certeza de que éreis e ainda sois, um homem de exemplar moral. Porém, Alfredo estava condenado à morte, meu filho, pela doença que lhe corroía o intestino, e suas palavras, antes de morrer foram: "Escapei-me de dores maiores, estou feliz por isso, doutor."

Don Alonso derrubou algumas lágrimas de tristeza ao se lembrar de Alfredo, levantou a cabeça e franziu a testa. Então era isso? Talvez estas palavras pudessem tranquilizá-lo, mas não. A culpa dentro de si o estava matando.

Então, chegou naquele instante a camareira trazendo-lhe uma correspondência. Seu coração disparou no peito. Era a letra de Lucile. Forte emoção sentiu e o médico, vendo aquilo, sorriu.

– Selo da França, por acaso é de Lucile? Conheço-lhe a letra – falou o médico.

– Sim, é de Lucile – disse o homem, com o coração a frangalhos. O que diria a carta? Lucile o amava ainda?

– Mas como eu ia dizendo... – voltou a falar o médico.

– Por favor, nada posso responder ou falar convosco, amigo, porque sinto-me cair. Esta tontura me invade, sinto-me...

Don Alonso fraquejou e deixou-se cair pesadamente sobre o divã. O médico pegou-lhe o pulso e pediu que lhe trouxessem um pano embebido em água fria para colocar na testa do amigo. O mordomo e a camareira correram falando que fora a Providência Divina que trouxera o médico bem naquela hora.

Quando Alonso acordou, viu-se em seu leito, pelas janelas abertas adentrando um ar puro e saudável das laranjeiras em flor. Olhou para o Dr. Persian e para Gertrudes, a camareira. Um sorriso o fez lembrar-se da carta.

– Onde está a correspondência que recebi? Por favor, quero vê-la.

O médico a alcançou perguntando:

– Quereis que vos leia?

– Não, por favor, deixem-me a sós.

Permanecendo sozinho, ainda fraco, Alonso abriu a correspondência rasgando o envelope cuidadosamente. Sentia-se envolvido com mil vibrações de culpa, mas também de profundo amor.

Paixão e Destino 175

"Ao distinto Marquês Don Alonso Ferdinando, Marquês de La Torre. Meu exmo. marido"

Venho, por intermédio desta carta, convidar-vos para o casamento de "nossos" filhos. Digo nossos, porque nada mais são que vossos também, visto que os educastes e os transformastes com esta moral elevada e este caráter de ferro, que até hoje trazem consigo. Está certo que também ficastes separado deles durante estes anos em que nos encontramos aqui, na Normandia, mas sei que os visitava frequentemente, e por cartas os levantava quando caíam, os elevava quando tristes e indispostos a estudarem; que os ensinastes a terem forças e persistência para conseguir o que desejavam, quando era para o bem, e em orar e ter esta fé que até hoje os engrandece.

Sim, nossos filhos se casarão no mesmo dia. E, para lhes dignificar este evento, nada mais importante que a figura paterna aqui conosco, para brindar, sorrir e cantar neste dia honorável.

Portanto, meu amigo, meu esposo, nada mais importante que vossa vinda.

Com respeito

Lucile Muños Ferdinando.

Vossa fiel esposa.

– Gertrudes! Antoine! Viajarei. Viajarei para a

Normandia! Apressem-se. Preciso levantar-me! – clamou Alonso do quarto.

Todos vieram rapidamente e viram a mudança realizada na face de Don Alonso, com a presença da alegria.

– Não, meu amigo, vós ainda não podeis levantar-vos – disse o doutor. Instruir-vos-ei para irdes saudável para os braços de vossa bela esposa e de vossos filhos. Também recebi o convite para os casamentos. Iria vos contar quando esta carta chegou, mas primeiramente, se quiserdes realmente ir, tereis de melhorar vossa aparência de doente e desanimado.

– Estou muito feio, doutor?

– Bem... feio nunca fostes, mas estais desanimado e desnutrido, porém nada disto é grave. Teria sido se esta carta não tivesse chegado a tempo. Poderíeis ter morrido, amigo. Para a vossa felicidade se completar, vos digo que, se seguirdes este tratamento que vos darei durante alguns dias, na próxima semana, no fim dela, podeis preparar-vos para a viagem. E deveis levar toda vossa bagagem convosco. Este é um pensamento que tive intuitivamente, meu amigo – terminou o médico de falar sorrindo.

– Doutor, não sei como agradecer-vos – falou isso Alonso lembrando-se da bondade do médico.

– Agradeça a Providência, meu filho, que me trouxe aqui. Foi Deus, foi Deus.

Paixão e Destino 177

E deixando o amigo, despediu-se dele com um "até breve".

Alfredo, olhando para Ismael, sorriu satisfeito. Fora ele quem levara o médico a visitar Alonso.

* * *

Lucile, ainda jovem, sorria para os filhos que iriam casar-se. Nasceram no mesmo dia, casar-se-iam no mesmo dia.

Padre Germano, agora com setenta anos, abençoava o casamento. Uma esperança bailava no coração da mulher – que Don Alonso, convidado que fora para o casamento, também pelos meninos, aparecesse. Mas até aquele momento seu adorado esposo não chegara. O coração da bela mulher chorava e ansiava.

Nisso os sinos começaram a tocar e os noivos, em dupla, adentraram na capela do castelo. Lucile, vestida de rosa claro, com belo chapéu de plumas, sorria um sorriso triste porque se lembrava de Alfredo, que não pudera ver o casamento dos filhos, no entanto, sentiu a presença do primeiro esposo que a acariciava embalando sua alma solitária. A música de violinos começou e uma lágrima rolou nos olhos cansados daquela mulher que tanto amara e tanto sofrera, educando seus meninos sem a bênção e o apoio do verdadeiro pai, e agora, sem a presença do pai maravilhoso que se tornara Alonso. Nisso, olhando para a frente, avistou o espanhol que, atraído pelo seu olhar, sorriu para ela.

Ela sorriu também e verificou que ele já não era mais o mesmo homem. Sofrera uma série de infortúnios nos anos que passaram e trazia as marcas do sofrimento nas antes belas feições. Acabara de perder quase tudo o que tinha, somente o castelo e o brasão da família permaneciam com ele, porém, em vez de revoltado, agora sua face límpida vibrava com seus olhos escuros. Mas dentro de si, a dor de saber que o pai biológico jamais veria o casamento daqueles belos jovens e que seus filhos não o teriam para estar com eles neste momento, o atordoava. Lucile abriu um sorriso maior que o de Alonso e seus olhos iluminaram-se. E, dirigindo-se a ele, falou:

– Venha, Alonso, tomar a direita de nossos filhos, porque ficarei à esquerda deles.

– Não, deverei ficar unido a vós, já que somos ainda marido e mulher.

Lucile sorriu e deixou escorregar uma lágrima em seu belo rosto. Alonso procurou suas mãos para beijá-las:

– Ainda há tempo para perdoar-me?

– Espero vossa volta há longos anos, Alonso. Vinde, formemos uma família, uma família feliz e honrada. Os meninos sorriem também para vós, vedes?

– Sim, vejo-os felizes.

Paixão e Destino 179

Abraços e sorrisos entre os rapazes e aquele que consideravam seu próprio pai, fizeram Alonso ter a certeza de que jamais deveria deixá-los. Vira-os somente há cinco anos enquanto estudavam na Ècole Sorbone, em Paris.

Durante a reunião no jardim, quando a festa já terminava, Alonso encontrou o detetive e um dos investigadores do local.

– Então – falou o investigador a ele –, não existe crime perfeito, não é, marquês? Sabíeis que descobrimos tudo sobre o crime do conde? Nós soubemos o nome do criminoso.

Alonso ergueu os ombros tensionando-os e abriu muito os olhos.

– O quê?

– Sim, isso mesmo que estais a ouvir.

– Como? Quem... quem foi ele? – falou gaguejando.

– Ora, ele foi um antigo lavrador deste local. Vós, o Sr. Frants e o Sr. Nestor não o reconheceram porque este homem trabalhou muito pouco aqui. Seu pai, um cocheiro, teria sido despedido pelo conde Alfredo porque bebia e, embriagado, teve um acidente, perecendo no local. Ramirez, este o nome do assassino, morava há pouco tempo neste lugarejo e empregou-se como lavrador naquele dia, somente para vingar o pai. Coisas de pessoa sem tino... Entendeis?

180 *Paixão e Destino*

– E como ficastes sabendo deste fato?

– Bem, a irmã de Ramirez veio à Normandia para procurá-lo, pois o silêncio do homem que não escrevia a ela a preocupava. Primeiramente andou pela cidade até a moradia dele. Trazia uma carta na mão com o endereço. Nada encontrando, veio até nós. "Não conhecemos o tal homem que descreveis, senhora" – dissemos a ela. Naquela época, tínhamos espalhado muitos cartazes com a foto do assassino já morto, pela vila, para sabermos quem era ele, lembrais? E estes cartazes, já antigos, estavam sendo aproveitados para embrulho de coisas. Usamos naquele dia para enrolar as roupas de um detento que saía da prisão. A jovem, vendo o rosto de seu irmão no papel, gritou: "É ele, este aqui é meu irmão". E assim o caso foi fechado, porque a irmã de Ramirez soubera do pai que havia falecido e do irmão que queria vingar-se do conde, mas jamais imaginara que iria matá-lo assim no mesmo dia em que começara a trabalhar. Pura coincidência... pura coincidência essa, da solução sobre o assassinato do Sr. Alfredo.

– Então... Então... Oh, com licença, eu devo procurar por Lucile! – falou Alonso correndo em busca de sua esposa.

Havia por tantos anos sofrido a dor da culpa, o perdão que implorava para aquele amigo do coração, Alfredo... Começou a se lembrar do dia em que procurara o cigano e do momento em que ele lhe dissera: "Como

Paixão e Destino   181

tereis certeza que não ficarei com este dinheiro do sinal?"
Sim, o cigano não havia matado o conde, não fora ele o
assassino!

Caminhando em direção à esposa, sorrindo
internamente, parou por momentos. Podia dizer que se
encontrava praticamente livre, mas em seu interior ainda
a febre do remorso machucava-lhe os sentidos. Ressentia-
se de ter sido jovem, convivido com Alfredo e ter desejado
tanto sua esposa. Pesou-lhe o tempo que era astucioso e
não alimentara em si aquela amizade sincera.

"O quanto vale um amigo?" perguntara-se para si
mesmo. Revia em pensamentos a imagem do médico
dedicado que o tirara daquele envolvimento maléfico
poucos dias atrás. "Sim – concluiu – a amizade é a bênção
de Deus para que não nos sintamos sós. Eu não soube
ser um bom amigo, mas sim um malfeitor, que tentara
destruir aquela família feliz e agora ocupo o lugar de
Alfredo naquele castelo."

O fato de ter assumido esta ideia era o que lhe trazia
dor e o machucava. Mesmo sabendo não ter sido ele o
assassino, era como se fosse. A culpa era idêntica e jamais
se libertaria dela. Nisto uma voz suave em seus ouvidos
foi ouvida:

"Procurai despertar dentro de vós o amor e a
caridade; transformai esta culpa em doação para com os
necessitados. Lembrai-vos de que o amor, como disse o
Cristo, cobre uma multidão de pecados, porque se não

tiverdes amor, nada tendes, se, porém vos destinardes a dedicar-vos aos outros, então parte da vossa culpa vos será aliviada".

Era Alfredo que falava ao amigo sofredor, porque se haviam reunido através da lei de Causa e Efeito, com a intenção legítima e verdadeira de voltarem a esta encarnação para aprenderem a se conhecer melhor, se amar e perdoar.

"Amar o próximo com a si mesmo" – este é o segundo mandamento da lei de nosso Pai e é por este motivo que ambos se encontraram, estudaram juntos, tiveram afinidades e passaram a conviver como irmãos. Alfredo resolvera sua parte, o acolhera e dera a oportunidade a ele para vencer na vida com uma faculdade. No entanto, Don Alonso, sendo ultrajado pelo amigo em encarnação passada, trazia dentro de si o amargor de quando ambos duelaram pela mesma mulher, a Lucile desta vida, agora sua esposa. Alfredo saíra vencedor do duelo enquanto Alonso, carregado de ciúme e ódio por aquele homem, sem ilusão de reaver Lucile, preferira partir da vida pela espada do agressor. E aqui voltaram eles, neste mesmo palco, como numa peça teatral, convivendo dias, meses, anos, oportunidade oferecida pela bênção de Deus, que nos permite reviver momentos idênticos a fim de nos mostrar que não devemos fazer ao nosso próximo aquilo que não

Paixão e Destino

183

desejamos para nós mesmos, porque todos somos irmãos.

"Agora tudo está consumado – pensou Alonso. – Já não tenho Alfredo aqui para dizer-lhe que sua amizade foi uma bênção. Ele me quis bem e eu... fui um crápula em trair essa amizade. Jamais deveria ter olhado para Lucile, o único amor de minha vida, com outros olhos a não ser de afeto fraternal. Deveria ter partido daqui para a Espanha e não ter sido um homem pérfido, com o pensamento somente em retirar a vida de quem me deu o coração. Jamais lhe teria causado dano algum se tivesse despertado a tempo. Mas o que me acordou foi a dor, essa dor que nunca desejamos para nós, mas que nos oferece a redenção de nossos pecados".

Capítulo VIII

Final

> "O óbolo da viúva.
>
> Estando Jesus defronte ao Gasofilácio a observar de que modo o povo lançava ali o dinheiro, viu que muitas pessoas ricas deitavam em abundância. Nisso veio também uma pobre viúva que apenas deitou duas moedas no valor de dez centavos cada uma. Chamando seus discípulos, disse Jesus:
>
> Em verdade vos digo que essa pobre viúva deu muito mais do que todos os que antes puseram suas dádivas no gasofilácio; porque todos os outros deram do que lhes abunda, ao passo do que ela deu do que lhe faz falta, deu tudo o que tinha para seu sustento."
>
> (Marcos 12: 41 a 44, Lucas 21: 1 a 4, *O Evangelho Segundo o Espiritismo*, cap. XIII)

Com o pensamento a borbulhar, reintegrando as palavras mentais destinadas a ele por Alfredo, Don Alonso sorriu e deixou rolar uma lágrima. Algo de fantástico havia sugerido a ele o caminho que deveria tomar. Era como se o céu se lhe abrisse para transformar o homem inútil que fora até aquele momento com os louros momentâneos, mas tão fugazes, em outra pessoa mais sensível, mais decidido a fazer o bem. Sim, algo havia acontecido, ele sentia isso. Era como se Alfredo tivesse ouvido seu pensamento e falado com sua alma.

E todo o remorso, toda a desilusão desaparecera naquele momento, porque sabia que, de agora em diante, o reconforto de sua transformação traria novo sentido à sua vida e que despertava, neste instante, de um pesadelo de longo sono, como se fosse um tempo infinito perdido na distância, à busca invencível do romper da aurora.

Uma explosão de pensamentos criativos dirigidos ao bem lhe surgia à mente, todos dedicados a seu próximo: cuidar dos feridos nos hospitais, levar-lhes ensinamentos Cristãos e fazer algo para os alienados mentais, que se excluíam da vida pelos problemas do cérebro. Amar e doar-se sem reaver algo para si, transformando a inutilidade vazia da vida material. Revivido por estes pensamentos, Don Alonso correu para perto da esposa e, levando-a para um lugar onde poderiam estar a sós, fê-la sentar-se e, ajoelhando-se aos seus pés, declamou:

– Vida de minha vida, aqui estou eu disposto a

Paixão e Destino

reiniciar novos momentos ao vosso lado, e desejo vos trazer somente alegrias. Sois ainda muito bela e continuais sendo bela também em vosso coração. Sofri muito pela vossa fuga. Desejei morrer e fiquei doente por este motivo. Caí em desolação perdendo quase tudo o que meu trabalho me gratificou, pois nada me fez sofrer mais do que vossa partida e, com pensamentos inimigos, fiz-me ciumento e em meu interior nada mais gritava a não ser a dor. Os anos passaram lentos e solitários. Abandonei-vos também, pelo meu orgulho, despeitado e ferido, e também por isso não vos procurei. Continuei a vida que levava meses antes de partirdes, quando amigos e algumas mulheres me tomavam o tempo, mas nada disso fez-me esquecer-vos. Voltei ao nosso lar, vazio e triste, e tudo larguei buscando na bebida o esquecimento. Agora, aos vossos pés, imploro-vos o perdão. Quero que esqueçais vosso amargor para lembrardes somente no amor que nos uniu até hoje. Ainda me amais?

– Sim, jamais deixei de amar-vos. E nossos filhos também vos amam. Estão muito felizes que aqui estais.

– Então, vamos. Dancemos com eles e brindemos o raiar deste novo dia que surge sem fantasias nem mágoas.

Ao amanhecer do novo dia, Alonso convidou a esposa para, com ela, visitar o mausoléu da família

188 *Paixão e Destino*

Salvaterres. Ajoelhou-se no túmulo de Alfredo e, ao lado da esposa, orou intensamente enviando ao amigo todo o amor fraternal de seu coração. Depois deixou a esposa em casa e encaminhou-se para o hospital, com intuito de conversar com o Dr. Persian que já o esperava, pois marcaram o encontro na noite anterior.

– Dr. Persian, sempre fico feliz em vos rever. Agradeço-vos novamente, visto que sempre penso que ainda não lhe fui grato como deveria ter sido.

– Nada tendes a agradecer-me, filho. Entrai.

– Dr. Persian, preciso fazer algo em favor de meu semelhante. Por isso peço vossa permissão para conhecer a ala dos alienados e dos que estão desenganados. Desejo levar a eles a palavra de Cristo e as lições que aprendi em minha vida. Desejo conhecer a ala dos jovens para poder alertá-los com o caminho que deverão escolher. Não sou pároco de nenhuma Igreja, como sabeis, pois me olhais com olhos de dúvida. Mas falarei com o padre Germano e pedirei para auxiliá-lo na Evangelização dos moços.

– Tereis tempo para tudo isso? Não desejais labutar em vossa área mais? Isso vos prenderá muito.

– De fato, não pensei em deixar minha profissão, que amo, mas procurarei dedicar-me em horas vazias, quando Lucile também sai para visitar famílias carentes.

– Bem, isso me alegra sempre. Lucile foi orientada

Paixão e Destino

por mim, enquanto sofria vossa ausência, e isso trouxe para ela o alento que antes não havia em seu coração. Doar-se em favor do próximo, sem dúvida alguma, nos traz uma felicidade imensa. Para mim, é o ônus de felicidade que recebemos, porque nada estamos pedindo de volta. "Dar gratuitamente o que de graça recebemos". Li isso não sei onde – falou ele e, continuando sua reflexão, arrematou: – Aí está o verdadeiro amor, que se entrega sem exigir nada em troca. E, para dizer a verdade, ainda ontem na missa dita pelo padre Germano, também devereis tê-la ouvido, ele comentou o Sermão da Montanha e daquele momento quando Jesus falou que "O amor cobre uma multidão de pecados". Portanto, as dúvidas que sentirmos quanto às nossas faltas passadas nos serão aliviadas com nosso ato de amor.

Alonso sorriu e comentou:

– É, a vida nos trouxe um bocado de tormentos, todos feitos pela nossa própria ignorância. Agora vejo que não fui feliz, porque não soube ver o valor das bênçãos que tive em minhas mãos. Porém, agora... agora eu o sei. E levarei avante meu propósito, não como um pedido a Deus, de eterna felicidade, mas como uma bem-aventurada salvação de nossos próprios deslizes passados.

Decorridos nove meses, Alonso, lágrimas nos olhos, erguia no ar, em agradecimento a Deus, seu primeiro filho, um menino forte e vigoroso que abrira um berreiro ao chegar ao mundo pelas mãos do Dr. Persian. Trazia ele uma marca no peito, como de uma ferida de bala de revólver.

Renascia, naquele lar, para a alegria da família, Alfredo, oferecendo ao amigo a mão fraternal do perdão, a oportunidade divina, que somente a bondade do Pai Celestial pode nos conceder de resolvermos nossos delitos passados e as grandes faltas que trazemos conosco, nos permitindo exemplificar o amor ao próximo, o afeto e a amizade.

FIM

Escreva sobre o que você achou deste livro. Comentários sobre a capa, as cores, papel, a história, etc. Qualquer item. Dê sua opinião.

comentarios@ideeditora.com.br